Einar Schlereth

Gedichte &
Kurzgeschichten

Einar Schlereth

Gedichte &
Kurzgeschichten

*Die Umschlag-Zeichnung stellt die Guernica-Ei-
che da, die ich 1991 bei einer Reportagereise
über die Basken machte. Sie ist das Symbol
für die Einheit und Freiheit der Basken. Alle
spanischen Könige mussten nach ihrer Krönung
unter ihr schwören, die fueros (das sind die
Privilegien und besonderen Rechte der Basken)
zu respektieren.*

© Einar Schlereth 2020
Förlag: BoD - Books on Demand, Stockholm, Sverige
Tryck: BoD - Books on Demand, Nordenstedt, Tyskland
ISBN: 978-91-7851-969-9

Vorwort

Die Frage nach den ERFAHRUNGEN MIT DEM POE-TISCHEN HANDWERK ist kurz beantwortet: Negativ.

Das liegt nicht nur daran, dass Lyrik in noch stärkerem Maße als Prosa im gesellschaftlichen Abseits stattfindet – die hochnotpeinlichen offiziellen Ehrungen und pflichtschuldigen Lippenbekenntnisse bei feierlichen Anlässen übergehen wir mit Stillschweigen – sondern vor allem daran, dass wir alle bei der Beurteilung, der Kritik der Lyrik so recht hilflos sind, wie das Lyrikfestival mit aller Deutlichkeit zeigte. So hilflos, dass, wenn die kritische Auseinandersetzung nicht von vornherein ausgeklammert oder sorgfältig umgangen wird, wir auf die Kategorien des Meinens und Glaubens zurückgreifen.

Voraussetzung für eine so notwendige Diskussion wäre, alle Sehnsucht nach allgemeingültigen Kriterien fahrenzulassen und stattdessen dort anzuknüpfen, wo wir vor 140 Jahren schon einmal waren. Ich denke z.B. an den Schweden Carl Jonas Love Almqvist, der 1839 den Unterschied zwischen Volk und Pöbel markierte: Volk sei, was übrigbleibe, wenn man den Pöbel, i. e. die Vornehmen, die Gelehrten, Gebildeten und sogenannten Freigeister abziehe. Dies war der erste Schritt zu der Erkenntnis, die Marx und Engels knapp zehn Jahre danach noch stringenter ausführten, indem sie festlegten, dass es zwei verschiedene Arten von Literatur und Kunst gäbe.

Erst die saubere Trennung zwischen diesen beiden Arten von Kultur und Kunst wird die Ausarbeitung befriedigender ästhetischer Kriterien möglich machen, wird eines Tages vielleicht sogar dahin führen, dass die Lyrik es sich gefallen lassen muss, mit erkenntnistheoretischen Begriffen gemessen zu werden.

Das könnte fruchtbar sein für die Lyrik und Lyrik möglicherweise auch wieder fruchtbar machen.

Hamburg, den 12. September 1977
für Ralph Theniors «Lyrik Anthologie»

Zu träumen ...

Zu träumen ...
ohne es zu wissen
wenn die Sonne
ihren Abschied
durch die Wolkengitter wirft
wenn Regen
die Glut der letzten Rosen bleicht
und in den Zweigen
nur noch Nebelfetzen hängen
und du verwirrt
im Wirbel
loser Blätter stehst.

1960 Freiburg/Bg

Ein Depp an der Straße stehend

Spuren lesend
hin und hergehend
fordert entschieden
hier müssen Blumen her
Millionen suchen kahle Wände ab
nach einem Fernsehbild
einem ferngesehenen Bild
einem nie gesehenen Bild
das zwischen Röhren wuchert
gespeist von Drähten
zerrissen, zerhackt, zerpflückt
wieder zusammengefügt
Punkt für Punkt
wieder und wieder
tausend Mal
eure Phantasie her
sie wird hindurchgeknüppelt
auf die Elektronenspuren gesetzt
bis sie in Myriaden Teile gesprengt
euch ins Gesicht springt
ihr sie nicht wiedererkennt
und ihr wollt Blumen setzen
in den Beton.

1963 Freiburg/Bg

Solange ein Schuss

Solange ein Schuss
nicht eure Herzen durchbohrt
weil ihr denkt
er gälte nicht euch
solange ihr Bomben fabriziert
und glaubt
sie seien nur für die anderen da
solange euer Glaube euch richtig dünkt
aus Mangel an Phantasie
solange ihr euer Brot
alleine fresst
und satt sein könnt
wenn andere hungern
solange ihr über die Zahl
der Toten
streiten könnt
solange ihr mit A und B und C Waffen
auf du und du lebt
solange die Tränen der anderen
noch euer Ruhekissen sind
solange es für euch
nur Christen Juden Gelbe und Schwarze gibt
solange
nun solange ist wohl alles

in bester Ordnung
wie?

1964 in Freiburg/Bg., 1969 publiziert in 'Der Egoist'

Nonsense

Mit zwei Löchern im Kopf
schauen Blinde zum Fenster hinaus
Pferde wiehern weil sie nicht anders können
der Regen fällt weil er nicht steigen kann
der Atompilz steigt weil sie's nicht lassen können
der Greis hat 'ne Erektion und hat sich nix
    dabei gedacht
ein Furz entweicht und lässt im Gottesdienst
ein mulmiges Gefühl zurück
auf den Gipfeln liegt noch Schnee
und ärgert sich über die Sonne
im Traum verfolgt den Hund ein schwarzer Kater
Regenwürmer ersaufen in der Traufe
ein kleiner Junge findet die erste Fliege
und reißt ihr gleich die Flügel raus
und weil sie nur zwei hat
klebt er sie unter den Tisch
ein Autofahrer findet nicht gleich die Bremse
weil der Kopf der Geliebten ihn behindert
und die Oma war nicht schnell genug
die Frösche quaken und warten auf den
    Klapperstorch
das Gras wächst und ist wieder mal grün
der Himmel ist grauschwarzgeld plus violett

manchmal auch rot das erwartet man
aus dem fahrplanmäßigen Orientexpress
steigen ein paar Filzläuse und machen sich
    gleich an die Arbeit
eine Hure freut sich über den zehnten Kunden
und ahnt nicht dass es ihr Mörder ist
man darf nicht so wählerisch sein
es wird in die Hände gespuckt
das sieht so schön nach Arbeit aus
im Weihwasser tummeln sich einige Bazillen
die sich über ihre Herkunft nicht im klaren sind
drum nimmt sich die Chorschwester ihrer an
fragt man den Pfarrer so war ers nicht
ein Sonntagsmaler malt den Sonntag
wie könnte es anders sein
an der nassen Hose ist nur die schwache Blase
    schuld
kleine Buben zwicken kleine Mädchen in den
    Popo
der Lehrer hat es so vorgemacht
viele Herzen schlagen höher
auch die mit Klappenfehlern
die Lust gelüstet es und ist ganz schuldbewusst
kurzum die Erde juckt's vor lauter Frühling

Am 26. März 1965 Freiburg/Bg.

Meine Schule

In der Schule lernt man
still zu sitzen
weder rechts noch links
sondern geradeaus
auf den Lehrer zu schaun
auf unsern Staat
und die Religion zu baun
Zwei mal zwei war schon immer vier
man übt auf dem verstimmten Klavier
und lernt
dass unrecht Gut nur schlecht gedeit
Napoleon war ein großer Mann
natürlich kommt auch Goethe dran
und Marx der war nicht recht gescheit
man lernt
dass das Eichhorn keine Fliegen frisst
dass manchmal tödlich ist ein Schlangenbiss
und dass der liebe Gott allmächtig ist
Man vergisst viel schneller
als man lernt
doch darauf kommt es gar nicht an
das Pensum wird bewältigt
zuweilen vergewaltigt
besonders die neu're Geschichte

da der Lehrer ein ältrer Jahrgang ist
und die jüngsten Ereignisse
schnell vergisst
Und fragt einer wie man Kinder kriegt
dann ist die ganze Stunde versiebt
es gibt hinter die Ohren und Strafarbeit
das entspricht immer wieder dem Geist der Zeit
und immer geradeaus geschaut
nicht rechts und links
zum Nebenmann und Fenster hin
denn dort – dort geht das Leben
und hier – hier lebt man schön daneben.

Hamburg 1966

Vietnam

Krieg – Krieg – nichts als Krieg
ich hasse den Krieg
die Tränen
die ich um eure verstümmelten Körper weine
sind sinnlos
das Beten und Bitten
das Fluchen und Verdammen
es ist umsonst
ihr Schreien und tagelanges Stöhnen
das winzige Wimmern der Kinder
bis ihnen der Durst die Kehle zuschnürt
hört niemand.
Ich habe kein Mitleid mit jenen
die auf dem Feld der Ehre starben
ich bedaure
dass nicht noch mehr verrecken
mitsamt ihren Fahnen
Trommeln und Vaterlandsliedern
deren Ehre darin besteht
Bomben zu werfen und Granaten.
Ich bewundere die Verräter,
die Überläufer und auch die Drückeberger.
Stürzt endlich die Grabmahle der Unbekannten
  Soldaten

spuckt jenen in die Schnauze
die Kränze und Blumen kaufen
die Heldenfriedhöfe
Mahnmale der Dummheit, Arroganz und
    Feigheit
schaufelt sie zu
bis kein Knochen mehr auf dem anderen liegt.
Zerreisst alle Bücher
die dem Krieg gewidmet sind
und streicht alle Daten von Schlachten
Siegen, Niederlagen und Metzeleien ....
Bevor nicht jede Erinnerung getilgt ist
an alle Verbrechen, den Tod von Staats wegen,
der immer nur dreckig ist, niedrig und ohne
    Ehre
IST DER FRIEDE WEIT WEG.

Grenchen/Schweiz 1965

Manchmal möchte ich ...

Manchmal möchte ich so gerne dichten
ich dichte hin, ich dichte her
doch schaue ich näher hin
dann ist mir alles nicht dicht genug
ich drehe und wende mich
wie verhext
jeder Griff erweist sich als Fehlgriff
und ein Ausblick ist kein Tiefblick
Sonne, Himmel und das Meer
war alles schon mal dran
Ich sage mir
das schaffst du nie
ich fahre aus der Haut
doch besinne ich mich
das gehört sich nicht
ein Dichter hat nun mal in sich zu gehn
ich fange wieder von vorne an
zieh Worte an den Haaren herbei
ich breche sie über das Knie
es hat keinen Zweck
alle Worte sind weg
wie die Fische im See
wenn ich angeln geh.

Nianoret in Schweden 1966

Herbstabend in Schweden

Eine kleine Hütte mit einem Kamin
dient jetzt als Sommerfrische
denn sie liegt so romantisch
auf einer Wiese am See.
Vor nicht vielen Jahren
war das Gras nicht grün
sondern einfach Futter
und viel zu mager
um die einzige Kuh zu nähren
in dem winzigen Stall.
Und die Nächte waren nicht so schön
   sternenklar
sie bedeuteten Frost und lausige Kälte
für das halb Dutzend Kinder
mit scheelen Blicken und knurrenden Mägen.
Schule, Fortschritt und Wissenschaft
alles Tinnef und weit weg
der diesen Boden nicht fetter machte
und die Frau dazu brachte
   die Hände still zu halten
und ein bisschen zu träumen.

September 1966

Ich liebe dich ...

Du schläfst schon mit gelösten Haaren
du schläfst
und ich weiß, du wartest auf mich
(nur Frauen können schlafend warten
und schlafend dich erkennen)
ich betrachte deine Brüste
(Teufel auch
was ist schöner
als zwei runde kleine Brüste
mit festen dunklen Knospen)
Ich spüre deinen Rücken
stark und schön
wie die Kruppe eines Pferdes
das dich in die Freiheit führt
(was ist Freiheit
ohne einen Pferderücken)
ich sehe deine Schultern,
deinen Bauch und deine Hand
halb versteckt im dunklen Flaum
zwischen deinen Schenkeln
(vergiss das nie
dieses Bett
diese Nacht
diese Frau

nackt und schutzlos
in ihrem Traum
in deinem Arm
vergiss das nie
in deinen schlimmen Zeiten)
und ganz allmählich
öffnen sich ihre Beine
zum letzten oder ersten Mal
du ziehst mich an dich
und ich bereit
in dich hineinzureiten
und dich mitzureißen
und dich
mit einem letzten wilden Stoß
in den Himmel zu jagen
zu allen Teufeln
zu allen Engeln
(alle Namen sind nur
ein Stöhnen und ein Schrei)
du bist so weit weg
tausend Meilen
tausend Jahre
und weißt nicht
ob du zurückkehrst
oder nicht
Und dann

dann beginnst du zu fallen
langsam ganz langsam
und dann immer schneller
und schneller
mit der Geschwindigkeit eines Meteors
in dein zerwühltes Bett
unbeweglich liegen bleibst
nur keine Bewegung
um Himmels Willen keine Bewegung
sonst zerfällst du zu Staub
(vergiss das nie
du darfst alles vergessen
doch niemals dies)
und zeig mir den Hundsfott
der von der Verderbnis des Fleisches sprach
ich stehe ihm Widerrede
vielleicht
vielleicht auch nicht.

Björkö am Siljan, 1966

Was ist dies für eine Zeit I

Was ist dies für eine Zeit
in der du laut von anderen
Wahrheit forderst
um deine leisen Unwahrheiten
nicht zu hören
Was ist dies für eine Zeit,
in der deine Stimme nach Freiheit
so nuschlig und undeutlich ist
wie an der Theke
nach dem fünften Bier
Dein Verlangen nach Gerechtigkeit
verglimmt lautlos und unbemerkt
wie eine Zigarette
Was ist dies für eine Zeit?
In der deine Sehnsucht nach Frieden
so kümmerlich ist und verzagt
mit so viel Wenn und Aber
und dich nicht hindert
zu marschieren
wenn man dir das Gewehr umhängt
mitsamt der Uniform
Was ist dies für eine Zeit?
In der du die Stille bekämpfst
wie ein Krebsgeschwür

und dich Furcht befällt
wenn du nach Ruhe verlangst
du sie von dir wischt
mit einer Flut brandneuer Dinge
nur um der Zeit nicht in ihr altes Auge zu sehen
Was ist dies für eine Zeit?
Macht das die Traurigkeit
die in dir hockt
wie ein alter böser Hund
der dir das Fenster in die Welt
beschmiert und begeifert
dass du den klaren Blick verlierst
und mutlos wirst?

Freiburg/Bg 1966

Was ist dies für eine Zeit? II

Wo du von Liebe sprichst
ohne zu wissen
was du da sagst
ohne die Absicht
dich zu verschenken
dein Letztes zu geben
und wenn dir die Zunge am Boden hängt?
Immer nur wartest, wartest, wartest
dass ein Wunder geschähe
so ganz von selbst
ohne dich anzustrengen
ohne den Arsch vom Stuhl zu heben
und dein Gequassel von Liebe
nur unverständliches Kauderwelsch ist
ein Radebrechen mit verquollener Zunge
so sinnlos und ohne Bedeutung
wie dein schlaftrunkenes zur Arbeit stolpern?
Was ist dies für eine Zeit?
In der deine Liebe
im Scheinwerferlicht deiner Erwartung
    verbrennt
so restlos
dass du dich fragst
ob es je eine Erwartung gab

Was ist dies für eine Zeit,
wo deine Liebe kaum ausreicht
einen Kanarienvogel zu füttern?

1966 Freiburg/Bg

Was ist dies für eine Zeit? III

In der jedes Wort
eine Missgeburt ist
mit unförmig geschwollenem Bauch
zahllosen Händen
verkrüppelten Füßen
oder gedehnt wie ein Schlauch
biegsam und glatt
oder wie Kinder
mit faltigem Greisengesicht
gekrümmt und verschrumpelt
Was ist dies für eine Zeit?
In der man müde wird
Worte zu formen
die verformt sind
eh' sie die Lippen erreichen
Was ist dies für eine Zeit?
Wo ein Wort lautlos auftaucht
wie ein Düsenjäger
zwischen den Bäumen
der seinen Schall abgestreift hat
wie eine Schlangenhaut
weit hinter sich
und nackt und furchenlos verschwindet
Was ist dies für eine Zeit?

Die zur Unfruchtbarkeit
jedes Wort veruruteilt
ihm auf der Grenze zwischen Dasein und
    Nichtsein
eine kümmerliche Existenz verleiht
Was ist dies für eine Zeit?
In der jedes Wort seine Macht verlor
die es zu Anfang erhielt
Sein Reichtum wurde geplündert
zerkleinert und aufgeteilt
seine Kraft zerlegt
mit dem Dreschflegel der Gewohnheit
Was ist dies für eine Zeit?
In der jedes Wort
dich immer hilfloser macht.

1966 Freiburg/Bg

Les Soleils absents

Dans tous mes sens
brûlent les soleils absents
Wolken werden Möven
Möven werden Wolken
Einsam die Gedanken
eingeschlossen
in ein Möwenaugenpaar
überfliegen mich
- dass ich den Flügelschlag nicht spürte -
und war doch Flügelschlag
war doch Schlag
und Auge
Bernstein in Marmor gefasst
Wohin führen deine Schritte
schritt-schritt-schritt
halte den Finger in den Wind
angefeuchtet
fliegt er davon
- Ostwind Westwind -
brûlent les soleils absents
et mes pas deviennent très lents.

1967 Freiburg/Bg

Song of a Millionaire

Did you ever hear of a millionaire
who lost his job? - Oh, I never did
He continues eating à la carte
when all around
people are going to make the file
to get some work
or a piece of rotten bread.
Did you ever hear of a millionaire
who went to jail? - Oh, I never did
Do you know why?
Because he never does the slightest wrong
he always has the right ideas
he always votes for the strongest man
he always chooses the mightiest God
and always thinks of his safety first.
Did you ever hear of a millionaire
who went to war? - Oh, I never did.
He is sitting in a secure place
when all around
people are starting to cry
going to die
they don't know why
Well it is no lie that a millionaire never fails
while you are a flop

out of the mob.
Did you ever hear of a millionaire
who broke his heart? - Oh, I never did.
When all around
people are bound
by famine, torture, and terror
and if you run
to claim your rights from the millionaire
he will spit you in your sweaty face
all his disgust with a lot of grace.
But never mind
he is a kind
of slippery leech
who can't get aware
and can not share
the pains and torments
of all his victims.

Mißlungene Epopöe

oder Kantate mit mehreren
Einsätzen und einem Happy End oder
Frankfurt hat Zukunft

Erblassend stehen Regenbögen im schnittreifen
    Chemikaliendunst,
In laut dösenden Hinterhöfen bleichen frierend
    Mondlichtzeichen,
kleben Lichttropfen zäh an tristen
    Zimmerdecken,
Verrückt gewordene Kandelaber fangen an, im
    Fernsehlicht zu nicken
Und in Abflußrohren klickert unaufhörlich
    Traurigkeit,
Unaufhörlich tönen Namen auf den Lippen
    Namenloser,
dampfen auf geteerten Dächern Regenpferde,
schäumen durch die Regenrinnen,
tanzen Schweißlichter zischelnd auf der
    Oberleitung,
umflattern Tag-geträumte Städte, im
    Nachtfalterflug,
die Agonie der Neonröhren,
die unleserliche Blink-Signale ticken,
im magischen Kreis betrunkener Laternen

hüpfen blöde Greise Zauberworte lallend,
beim baldrianbanknotenduft Strichmiezen
    miauen,
Schamlippen-schürzend, Liebe-leckend,
Heimweh-schluckend, Rotze-spuckend: die
    Kaiserstraßennächte dieser Stadt.
Vor meinen Mund nehme ich kein Blatt,
ich hab' sie satt,
diese Stadt,
die unersättlich wuchert
im Treibhaus ihrer tausendjährigen Geschichte:
Kaiser und Könige, die voller Würde mit
    eiternden Hoden
das Spalier nackter, bebender Jungfrauen
    abschritten,
Kaufleute prahlsüchtig Wappen-Waffen
    schmiedend,
der Rückkehr ihrer Goldkarawanen
    entgegenzitterten,
Professoren, onanierend am Fuße des Altares,
von der Auferstehung des großmächt'gen
    Reiches faselten,
bis über dieser Stadt unterm Kreuz, nach
    Mitternacht,
geräuschvoll, zwischen Christbäumen, der
    Bombenteppich sich entrollte.

Da kam ihre Stunde und sie hatte die Wahl,
    doch dann,
wie ein gichtkranker Mann
sich aus den Federn quält,
hat sich diese Stadt
aus den Ruinen geschält.
Und Irrlichter tanzten auf den Türmen der
    Hoffnung,
im Feuersalamanderrauch.
Sie blieb, was sie war
eine Goe-Goe-Goethe-Stadt,
kein Wunder, dass sie niemand mag
und Börne, Beckmann sind im Grab.
Ich nehme kein Blatt vor den Mund,
bin dreißig Jahre und gesund,
deshalb hab' ich sie satt,
diese Stadt,
die blieb, was sie war,
der leuchtend weiße Keime sprießen,
verflochten in finstren Verliesen.
Die blieb, was sie war,
voll Mitternachts- und sonstiger Messen,
    überjettet, verfettet,
liegt sie im Koma,
ein feuchtes Trauma.
Da jagen weiße Mäuse, vom Wahnsinn

geschüttelt kreuz und quer
hinter Gangstern und Phantomen her,
spähen in Gullies,
knüppeln die Kulis,
feiern Orgien in dur und moll
oh, ich hab' den Kanal so voll -
Da schaukeln Walrossherden in
    Apfelweinschenken
da blitzen Bullenaugen hinter Stadtparkbänken,
da lässt diese Stadt,
unter Glockengebimmel,
am Hoechster Farbwerkenhimmel,
Kemeny-Wolken aus Messing hochzieh'n
und Bibliothekswärter wird Zadkine.
Da hängt diese Stadt,
mit Elephantenohren, an ihren Börsentoren,
stochert masochistisch in Opernhauswunden,
kommt ohne Defizit nicht über die Runden,
rülpst und furzt wie ein Warzenschwein,
pisst von allen Seiten in den Main,
und ihrem Kanallienkadaver
fallen beim Zukunftspalaver
die Zähne, morsch und faul,
aus dem stinkenden Maul.
Vielen Dank,
frei und frank,

diese Stadt,
ioh hab sie satt.
Gelobt und gebenedeit die Wege,
die vorüberführen an dieser Stadt.
Wandrer schließt die Augen und gebt Gas,
legt euch weit weg in feucht-warmes Gras.
Und dir, mein geliebter Gorilla
werde ich heimlich die Zootür öffnen,
der du dich bemühst, glotzende Horden
mit frisch-dampfender Scheiße zu morden.
Und ich irre auf zackig-krummen
    Sekundenpfaden durch diese Stadt,
meine Füße hopsen über Katzenköpfe,
trennen sich, kreuzen sich, verlieren die
    Richtung,
Achtung! Ein Blaulicht, sie gehen in Deckung -
wieder führt sie das blöde Schicksal zusammen,
wie meine Hände,
die ihre schönen Federn verloren
bei ihrem Taubenflug
und Ziegel in die Pflastersteintiefe rissen
bei ihrem Taubensturz
und sehr sentimental wurden
beim Mondscheinkuss,
im ungesetzlichen Magnetfeld dieser Stadt,
deren Hauserspäne nie ins Gleichgewicht

geraten.
Diese Stadt ist eine Symphonie
für siebenhunderttausend Irre
und ein dutzend elektronenbehaarter
    Computer.
Und sie kreist so schön irr-äugig, grünlich-
    violette Kreise
diese Stadt ...
Eine Stadt,
die so schön kreist,
sollte in Ewigkeit kreisen um den blauen
    Saturn,
um ihr Epiphytendasein fortzusetzen.

1969 Frankfurt/M

Tod eines Mädchens, aufgewachsen in Afrika

(nach einer Schlagzeile in 'France Soir' 1960)

Im Alter von 17 Jahren bestiegst du das
    Flugzeug,
um in das geheimnisvolle Land zu fliegen,
das Europa heißt. Genauer, in dessen
    Hauptstadt Paris
- Das Entsetzen kam zu spät -
Eine Riesenburg von Monstertermiten erbaut
mit tausend Gängen über und unter der Erde
Steinnester mit tausenden Löchern
- Das Entsetzen kam zu spät -
Auch du wurdest zum Insekt
wurdest gezogen, geschubst und geschoben
tauchtest unter und kamst atemlos nach oben.
In der Ferne Glockenschläge – welche Zeit wird
    da geschlagen?
- Das Entsetzen kam zu spät -
Dein Weg war vorgezeichnet
und führte ins Internat.
Steinerne Gesichter, harte Hände
deine Blicke stoßen auf kahle Wände.
Alle Träume zerflossen zu Tränen, Tränen,

Tränen -
AFRIKA, mein Leben
ich hab dich verloren.
Harte, metallene Gongschläge hielten Wacht
an den Stundenbahren, die sich endlos
    aneinanderreihten
durch Korridore und finstre Klassenräume.
Die Träume gingen schon in Leichentüchern.
Oh, Afrika,
die Sonne ist stumm hier
der Wind tönt nicht
und der Regen kann nicht singen.
Oh Afrika, Afrika, sie töten meine Lieder und
    mein Fleisch;
hier singt man nicht, weder bei Sonne noch bei
    Regen;
es regnet, regnet, regnet.
Oh Afrika, sie sagen, der Teufel sei in mich
    gefahren,
Oh Afrika, das Geheimnis Europas ist der
    Leichengeruch.
Und du wolltest fliegen, singen, tanzen,
doch die Drohnen summten nur noch
    missmutiger.
Deine Blicke verkrochen sich hilfesuchend
im Gezweig des Birnbaums jenseits der Mauer.

Das Entsetzen kam zu spät und auch die
    Tränen.
Oh Afrika, sie fangen meine Blicke ein
und nageln sie auf das Pult.
Afrika, hörst du mich, ich werde immer
    schwächer,
es war nicht meine Schuld.
Und in einer Nacht dann öffnetest du das
    Fenster,
wolltest fliehen an einem Betttuch,
hattest noch Zeit und Kraft zu schreiben:
L'Europe c'est une orange sans jus.
Europa ist eine Orange ohne Saft.
Und glittest hinaus in die Nacht.
Afrika, hörst du meine Schritte?
Und deine Hände konnten sich nicht halten -
    Leere – Flug und Sturz.
Oh Afrique...

1970 Frankfurt/M

39

Krieg und Frieden

Wie ich diesen Frieden hasse
der doch Krieg ist
    ein heimlicher Krieg
wie ein Krebsgeschwür
das die Würde des Menschen zersetzt
der Hände Arbeit zunichte macht
und Geistes Frucht verfaulen lässt
    Wie ich diesen Krieg hasse
der noch Frieden ist
    Unheimlicher Friede
wie schwelendes Feuer
der die Herzen der Menschen verletzt
am Stolz des Handelns unsichtbar nagt
das freie Denken stückweis frisst
    Wie ich diesen Frieden hasse
der doch Krieg ist
    Wo zwischen Hütten sich Paläste ducken
wo unter Arme sich die Reichen mischen
wo Hände noch die Hand des Feindes drücken
wo die Verräter noch im Trüben fischen
    Wo Krieg nicht Krieg ist
und Friede nicht Friede.

Frankfurt 1973

Telefoto aus Santiago de Chile

Kennst du diesen Blick
unverwechselbar
- das Raster ist nicht groß genug
ihn zu verwischen -
  Diesen Blick
den die Väter schon kannten
und auch die Urahnen
  Diesen Blick
angesichts der Überzahl der Feinde
angesichts der Folter und des Todes
  Dieser Blick
in die Ferne gerichtet
doch ganz nah
  Dieser Blick
in der Schwebe
und ganz fest
  Die Gedanken voll Hass
das Herz voller Trauer
und fester Gewissheit
  Das Recht wird herrschen
das Volk wird siegen.

Hamburg, den 15. November 1973

Mein Volk

ICH sehe
dies Volk
das ein Riese ist
   Ein Riese
der schlief
und nun erwacht
   Haha
und ich sehe
was IHR nicht seht
SEINEN Blick der zu euch geht
   (wie IHR
sehr klein
neue Fesseln in Knoten legt)
   Haha
und ich fühle
was ihr nicht fühlt
SEINEN Puls, der schneller geht
   Haha
und ich höre
was ihr nicht hört
SEINEN Zorn, der langsam bebt)
   die Fesseln werden wie Spinnweben reißen
gelassen wird der Riese sein Kleid glattstreichen
verzweifelt werden die Flöhe springen

dann wird mein Volk den Weg der Zukunft
finden.
Ein Irrtum – es war der Anfang vom Ende

15. November 1974

43

Fortschritt

Man hat unsere Flüsse reguliert
und unsere Felder asphaltiert
DENN UNAUFHALTSAM IST DER
   FORTSCHRITT
   Man hat unsere Städte durchsaniert
und unsere Plätze betoniert
DENN UNAUFHALTSAM IST DER
   FORTSCHRITT
   Man hat unsere Wälder gelichtet
Tiere und Vögel vernichtet
Luft und Wasser vergiftet
DENN UNAUFHALTSAM IST DER
   FORTSCHRITT
   Man hat rationalisiert
und rektifiziert
man hat motorisiert
und amortisiert
DENN UNAUFHALTSAM IST DER
   FORTSCHRITT
   und nach den Jahren mit viel Fortschritt
sahen wir uns ohne Gleichgewicht
und da fanden wir
   Man hat unsere Tage vereinnahmt
und unsere Arbeit verblödet

man hat unsere Nächte vereinsamt
und unsere Träume verödet
    Man hat unsere Spiele kodifiziert
unsere Lieder simplifiziert
unsere Liebe sterilisiert
unsere Kinder diszipliniert
    Und als wir dies gründlich bedachten
da blieb uns keine and're Wahl
als diesen Fortschritt zu verachten
der ständig uns im Wege war.

15. November 1974

Welch eine Zeit

Hier stehst du
zwischen Glas und Asphalt und Beton
und deine Tränen
gerinnen zu Glyzerin
du willst zurückweichen
auf einen Steinwurf wenigstens
aber du stehst festgegossen
Und deine Ohnmacht
brüllt mit eisern
zusammengebissenen Zähnen
A M O K
Du versuchst
Zeit und Stunde zu bestimmen
des GROßEN AUFRUHRS
und denkst
es müsste JETZT sein – GLEICH
    Wo doch die Flüsse sich schon wehren
einfach kippen
nur noch stinken
ganze Stadtviertel verpesten
fragend schaust du
in die Gesichter der Menschen
den HEILIGEN ZORN zu finden
und stößt auf Leere.

Wo doch die Bäume sich schon wehren
mutlos im Sommer
die Blätter abwerfen
Wo doch die Vögel sich schon wehren
und die Tiere im Wald
erschöpft hinsinken
um zu sterben
Und die alten Menschen schon
mitten im Satz
nach dem Herzen greifen
und umfallen
Und du wartest auf die
EMPÖRUNG
wie auf die Geliebte
Zeichen und Schritte deutend
inmitten
steingewordener Unmenschlichkeit
Was früher nur Götter vermochten
Menschen in Stein zu verwandeln
schaffen heute eine Handvoll Menschen
Und du denkst
an die barbarischen Verbrechen
der Caesaren in den Amphitheatern
an die perverse Grausamkeit
der Hexenprozesse und Scheiterhaufen
an die dumpfe Gefühllosigkeit

der hunnischen Reiterscharen
an das große Bauernschlachten
der Fürsten und Fugger
an die Ermordung und Verschleppung
der 150 Millionen Afrikaner
an die Hekatomben
bei Verdun und Stalingrad
an die große Fratze dahinter
    Und du sträubst dich
dies alles harmlos zu finden
im Vergleich zu
HEUTE
unterm Joch der vergangenen 100 Jahre
    Und du fühlst der Zeit den Zahn
und findest das Loch
und bohrst
und wartest auf den Aufschrei
    Aber die Zeit
sie gähnt nur
Welch ein Zahn
welch eine Zeit.

25. August 1975

In einem Anflug von …

Vormittags um zehn
fiel einem Mann
- 26 Jahre alt -
der Stift aus der Hand
  Er hatte aufgeschaut
von seinen Papieren
zum Fenster hin
Jähes Erschrecken
der Himmel so blau so blau
wie die Sehnsucht
  Im Häusermeer ein Baum
so grün so grün
wie das Leben
  Den Blick auf den Himmel gerichtet
ging er zum Fenster
öffnete es
und geht und geht in den Himmel
den blauen
durch's Fenster im dritten Stock
und ruft

FREIHEIT

GLEICHHEIT

BRÜDERLICHKEIT

Der Mann habe, so die Kripo,
in einem Anflug geistiger Umnachtung
gehandelt.

Anmerkung: nach einer Notiz in der Frankfurter
Rundschau vom 6.8. 1976

Ballade vom Vize und seinen 12 Leuten

Winden und Kräne verharren
im Hafen regungslos
Scheinwerferaugen starren
blind in die Luken hinein.

Um elf beginnt die Schicht.
Eine Stunde vor Mitternacht
stehen zwölf Mann dicht an dicht
auf Deck und keiner lacht.

Sie warten auf ihren Viz.
Diese Nacht sieht nicht gut aus.
Der eine wär gern auf'm Kiez,
der andere gern zuhaus.

Da kommt er, sagt ich es nicht,
der mit dem bösen Gesicht.
Schlecht der Mann in schlechter Nacht,
sanft schaukelt das Schiff mit schwerer Fracht.

Heiser brüllt er Kommandos:
Zwei Mann auf die Kräne,

vier Mann achtern, vier Mann vorn,
der Rest Luke eins. Nun los.

Pensum dreihundert Tonnen
Stückgut aus Pakistan.
Los Männer, haltet euch ran.
Dann soll euch der Teufel holen.

Sie sind in der Luke kaum,
da schwenkt schon der Kran herein.
Zeichen gibt der Warschaumann,
weil der Meister nichts sehen kann.

Fester packt jeder den Kant-
haken und dreht die Kisten weg.
Kisten aus einem fernen Land,
gestapelt bis unters Deck.

Fünf Stunden gingen vorbei
und das Pensum war geschafft.
Doch der Viz hat nur gelacht:
Hundert Tonnen noch und ihr seid frei.

Vize, wir haben dein Wort,
so sagen die Leute barsch,
doch der Viz hat ihnen den Arsch

gezeigt und war mit einem fort.

Für nichts war Schweiß geflossen,
für nichts ein Wort gebrochen.
Schlecht der Mann in schlechter Nacht,
so hat ein jeder gedacht.

Und jeder hätte geschworen,
die letzten hundert Tonnen,
sie haben doppelt gewogen.
Denn ein Mann hat sie betrogen.

Mit müdem Schritt verlassen
das Schiff zwölf Mann um sechs.
Drei Mann biegen stumm nach rechts
zur Brücke für Barkassen.

Der Nebel ist jetzt ganz dicht,
siehst die Hand nicht vorm Gesicht.
Drei Leute gehen an Bord,
schweigen und sprechen kein Wort.

Sacht legt die Barkasse ab,
da springt noch ein Mann.
Der Viz! Ohne hinzusehn
haben ihn alle erkannt.

Achtern steht er abgewandt,
stiert in den Nebel ein Loch.
Da heben ihn sechs Hände hoch
und halten ihn über den Rand.

Kopfüber tauchen sie ihn,
ins kalte Wasser hinein.
Er hat geschluckt, gespien,
ihm blieb keine Zeit zu schrein.

Am Ende einer Ewigkeit
ließen die Fäuste ihn frei.
Wie ein Sack fiel er nass
aufs Deck und war leichenblass.

Die Brücke ist menschenleer.
Der Nebel nahm jede Sicht.
Seitdem hörte keiner mehr:
Des Vizen Wort gilt nicht.

Hamburg, der 4. September 1975

Gute Nachrichten

Sommerhitze belebt Bellaplast-Geschäft
Königsteiner kommt gut voran
Städtler knüpft an Boomergebnis an
Knoll erholt sich von Rückschlag
HAG erzielt bessere Ergebnisse
Sarotti-Mohr zahlt Dividende
Doornkaat auf solider Grundlage
Kontinent-Möbel in Flaute erfolgreich
Quelle-Fertighaus baut weiter aus
Fertighausbau spürt Aufwind
Grundig stellt wieder zusätzlich ein
Optimismus im Sommerschlussverkauf
Adig verdoppelte Mittelzufluss
Zahlungsbereitschaft verbessert sich
+++
Gibt es denn – frag' ich mich verwundert -
nur noch gute Nachrichten?
Und wie kommt es nur
dass ich so gar nichts davon spüre?
Noch meine Nachbarn von Beiersdorf und
    HHW
    Weil natürlich
die vielen guten Nachrichten
einen Schatten werfen

einen Schlagschatten
der die weniger guten Nachrichten
zu platter Bedeutungslosigkeit
verwandelt.

+++ bis dorthin sind es die wortwörtlichen
Überschriften auf EINER Seite der
Frankfurter Rundschau!

12. September 1976

Hamburg: Planquadrat K 7

Vor rund 70 Jahren begann diese Stadt
gleich schwarzer Lava
in der Glut ihrer röhrender Industrie
zu zerfließen.
*

Das war der Durchbruch der neuen Zeit
*

Seither träumen
unter meiner Straße
gewürzt vom Frühlingswind
Löwenzahn und Sumpfdotter
Schafgarbe und Blutstropfen
von ihrer Auferstehung.
   Der Bau der Straße begann nach Plan:
Vierstöckig und gediegen
für die untere Grenze
der gehobenen Mittelschicht.
   Doch der Krieg, der näher rückte
- wie man ihn nennen würde
stand noch nicht fest -
machte dem Plan ein Ende.
   Die Mittelschicht sackte ab.

Qualität war nicht mehr gefragt
- bei den Herren von der Börse -
    zusammengeklatscht aus Spucke und Dreck
gingen die Wohnungen weg
- bei Mieten von gleicher Höhe -
    an Leute, nicht so richtig fein.
Am unteren Ende der Straße
rümpfte man vornehm die Nase.
    Die vom oberen Ende
waren nicht nur Proleten
sondern zu aller Not
auch noch rot.
Trotz alledem, trotz alledem
'33 hissten alle das Hitler-Emblem
fast niemand konnte widersteh'n.
    Und '45 über Nacht
- wer hätte das gedacht -
da hatte niemand mitgemacht.
    Das war der Neubeginn
    Die alte Hose wurde nur gewendet,
klebrig die Angst vor den Toten.
Fröstelnd das Gewissen
gedrillt auf Furcht vor den Roten.
So ist der Traum von der Freiheit verendet.
    In die Hände gespuckt
Ordnung geschaffen

Steine geklopft
schneller, noch schneller
die Löcher gestopft
hinter Zäune gepackt
Ruinen und Schutt.
    Die Toten ... klebrig die Angst,
fröstelnd das Gewissen.
    Die neuen Goebbels malen
in grellen Farben sanft
neue Träume an die Wand.
    Riesige Fleischberge
bunte Gartenzwerge
Waschmaschine, Kühlschrank
Fernsehapparat
gold'e Klos
und verchromte Autos ...
    Das keuchte und rannte
und malochte und wühlte
das schlang und fraß
und furzte und rülpste
und zuckte und japste
und soff
und troff
vor Selbstmitleid
und Langeweile.
    Die Erinnerung wurde leichenblass,

die Träume gerieten schweißnass.
    Das war die Wirtschaftswunderzeit
    Und die Leute dieser Straße
machten es den Herren leicht
denn jeder dachte
den anderen gleich:
gut fährt, wer nicht denkt
und die Zunge fein im Zaume lenkt.
Da war die Freiheit hin
da war der Wohlstand hin
da war's der dritte Sündenfall
in 70 Jahren.
*

Das war die Unzeit
    Ach und dennoch
ist's nur die halbe Wahrheit
über diese meine Straße
drei Generationen alt.
Doch wieviel Hoffnung wurde da genährt
und erlosch in Hunger und Mühsal.
Wieviel Stolz zerschmolz
beim Nahen benagelter Schritte.
Wieviel Sehnsucht erstickte
in glühendem Phosphor.
    Wie viel Freude erhob sich jubelnd
in den schmalen Himmel über dieser Straße

und zerbrach an den dünnen Wänden
der engen Wohnung.
Wieviel Kampf scheiterte
an der Halsstarrigkeit der Umstände.
Wieviel Kummer und Trauer
Arbeit und Müdigkeit ...
    Und im Niemandsland
zwischen den Nachbarn
tummelt sich die Angst
das Gesicht zu verlieren
und im Nachbarn
das eigene Ich zu erkennen.

März 1977 Hamburg
Gneisenaustrasse, im Generalsviertel in Eppendorf,
wo wir einige Jahre wohnten.

Die Nicht-Betroffenen

Eines Morgens gab's ein neues Gesetz:
Das Schwimmen in freien Gewässern
wird ganz generell unter Strafe gestellt.
    Und alle Nicht-Schwimmer im Lande
    sprachen:
Wie rechte hatten wir,
nie das Schwimmen zu erlernen.
    Eines Mittags gab's wieder ein Gesetz:
Das Sprechen ohne triftigen Anlass
vor allem öffentlich, wird streng bestraft.
    Und alle die Stummen im Lande dachten:
Haben wir ein Glück!
Uns kann schon gar nichts passieren.
    Und eines Abends gab's noch ein Gesetz:
Das Denken, das laute und leise,
geheim und öffentlich, wird strengstens
    bestraft,
    Und alle Nicht-Denker im Land dachten:
Das fehlte uns noch.
Aber wir haben uns so was
schon immer gedacht.

Hamburg, den 25. September 1977

Fähre über den Öresund

Hinter mir versinkt die Küste
im diesigen Weiß
selbst das Wasser
löst sich auf in bläuliches Licht.
Nur das heisere Röhren
der Motoren
und das Gekreisch der Möwen
erinnert daran
dass dies nicht die Milchstraße ist.
    Nun ja -
auch das Schafsgesicht
das dort in die Linse grinst
und die Bierbäuche
und die Quadratärsche
unter denen die Liegestühle ächzen
und die Palisaden
aus Zigarettenstangen
und die Schnapskonvois
die den Supermarkt auslaufen.
    Und dennoch
- fort mit den bösen Gedanken -
so sieht nun mal der Frieden aus
dies ist sein Alltagsgewand
auch am Sonntag

auf dieser Straße des Krieges.
    Und ich weiß
die Minen sind noch nicht alle geräumt
und die Zahl der Schiffswracks
und der Toten
hier unter mir
kenne ich nicht ...

Deshalb will ich dies Schiff preisen
mitsamt seinen Menschen
seinem Schnapskonvois
seinen blitzenden Autos
seinen teuren Parfüms
und auch den billigen ...
    Denn so sieht der Frieden aus
den ich beinahe so liebe
wie die Freiheit.

24. Juli 1978

Geburtstagswunsch

Dreißig Millionen
Von Hormus bis Tehran
Erbitten einen Ferman
von ihrem großen Mullah
für ihn – den Shah-in-Shah.
    Einen Ferman zum Himmel
Ohne Gebimmel
Und schnell soll es geh'n
Denn die Sonne blieb steh'n
Fünfundzwanzig Jahre schon
    Verflucht sei dieser Hundesohn
Einen Ferman zum Himmel
Ohne Gebimmel
Und gerettet wäre dies Land
    von seiner schwarzen Hand.

An meinem Geburtstag 18. 12. 1978

Freiheit

Wir haben dich geträumt
hundertmal
wir haben dich gedacht
hundertmal
wir haben dich beschrieben
hundertmal
wir haben dich gemalt
in hundert Farben.
    Aber – bunt ist die Reihe
der Schmidt und Shahs
Breschnew und Carter
Pinochet und Mubarak
die dich häuten
die dich salzen
durch den Wolf schieben
dich zermahlen
und dich uns feilbieten
wie der Metzger den Gaul
pfundweise.

Hamburg am 6. September 1978

Wir sind in die Städte gezogen …

Wir sind in die Städte gezogen
mit Angst im Herzen
den Kopf voller Zweifel
starr den Blick geradeaus
und ja nicht zurückschauen
auf die schweißgetränkten Äcker
die dunklen, dampfenden Ställe
die Frühlingstränenden Wälder.
    Den Blick starr geradeaus
auf die Städte
mit ihrem dunklen Tag
ihrer taghellen Nacht
den rauchenden Schloten
so zogen wir durch die Tore
in ein Leben
der bangen Verheißung.
    Den Blick starr geradeaus
in Erniedrigung
brennende Röte im Gesicht
bissen wir
die Zähne zusammen
an den Drehbänken
den Hochöfen
unter Ballen und Säcken

den Blick starr geradeaus
an den Spindeln und Kokillen
den Waschzubern
den Plätteisen.
    Den Blick starr geradeaus
auf das ferne Ziel
das schon greifbar nahe schien
denn wir standen zusammen
ganz dicht
und spürten die Wärme
des Nächsten
und auch seinen Atem.
Aus Unterwerfung
wuchs unser Zorn
und wir lernten
den Blick zu heben
und standzuhalten
und wir spürten die Gewalt
der Arbeit
und unsere Kraft.
    Schon wichen unser Gegner -
als sie gesprungen kamen
die Steigbügelhalter
der Mächtigen
und uns
die Himmelsleiter hielten.

Und wir stürmten hinan
- wer ahnte schon
dass es bergab ging -
und verloren
den Halt unserer Hände
und nach wenigen Stufen
erlahmten unsere Kräfte
und wir blieben hängen
zwischen Himmel und Dreck.

*Hamburg Juni/Juli 1978. Übersetzt von
Margaretha Zetterström ins Schwedische
und in* Förr & Nu *veröffentlicht.*

Im Hochgebirge

Nun, wo Jahre sich zu Jahrzehnten runden
hab' ich Ruhe dennoch nicht gefunden.
Aus grünem Tale quellen Nebel auf
- wie aus der Seele -
und hemmen meinen Lauf.
Nur noch Schatten auf steilem Grat
in der Ferne Kuhgeläute.
Sehnsucht rieselt vom Himmel herab
Bin ich Tat noch oder Beute?

Schweiz, Goldingen, den 8. 7. 1983

Welch tiefe Nacht umgibt den Menschen noch!

Die Wimpern dieser Nacht
verdunkeln mir den Blick
nehmen weg das Licht
und auch den Schatten.
Nun höre endlich ich
den Atem dieser Erde
schwer und ungleichmäßig:
	Du mit deiner Herde
aberwitzig und gefräßig,
eine Last bist du für mich.
Mit deinen hunderttausend Mäulern
deinen zweimal hunderttausend Füßen
deinen viermal hunderttausend Rädern
stellst selbst die ungezählten Gäule
des großen Khans noch in den Schatten
und auch das Pest-Getrappel unzähl'ger Ratten.
Die Zerstörung meiner Flüsse, meiner Zedern
wirst ohne Gnade du mir büßen.
	Um nach ihrem Puls zu tasten
beug' ich mich nieder schmerzerfüllt,
fühle nur ein leichtes Flattern,
das meine Hoffnung nicht mehr stillt.

(Die Überschrift ist die Abwandlung eines Zitats
von Voltaire: Welch tiefe Nacht umgibt noch die
Natur!)

Hamburg den 27. Mai 1984

Pram, deinen Feinden glaube ich nicht

Sehend
dass nach langem Kampf
Das gute Ende
Einen schlechten Anfang nahm
   Lesend
Dass die Gestrigen in Haag
Den Vorteil deines Landes
Für ihren eigenen nahmen
   Hörend
Dass nun die neue Macht
Den Unterdrückten Namen
Sehr alter Schande gab
   Dass Menschen bei Nacht
Gehetzt, gejagt zu Paaren
Um ihr arm' Leben rannten
Und endeten im frühen Grab
   Drückten Zorn und Scham
Den Stift dir in die Hand
Retteten, nicht furchtsam
Die Ehre deinem Land
   Da blieb ihnen ihr Lachen
Stecken in ihrem Rachen

Und dich nahm ihre Ohnmacht
Gefangen zum ersten Mal
    Doch es wuchs des Volkes Kraft
und Hoffnung bis zu dem Tag
Als jene Bluttat grausam
Deinem Volk den Atem nahm
    Gefangen zum anderen Mal
Nach Jahren der Verbannung
Hat man dich zweifelnd befragt
Nach möglicher Entlassung
    Da sprachst du, Pramudya
Zu einem fremden Manne:
Sie ist schön wie die Lepra
Dieser Regierung Gnade!
    Wissend
Dass nach langem Kampf
ein schlechter Anfang
Stets ein gutes Ende nahm

27. Mai 1984

Pram in den 90-er Jahren in Jakarta

Zu I

Pram ist die Abkürzung für Pramoedya
Ananta Toer, der bedeutendste Schriftsteller
Indonesiens, der mehrmals (auch von Böll) für
den Nobelpreis vorgeschlagen wurde.

Aber als Kommunist ist man für den
Nobelpreis ungeeignet. Er wurde 1925 in
Blora auf   Java geboren und starb 2006 in
Jakarta. Er kämpfte in den 40-er Jahren gegen
die Holländer für die Unabhängigkeit seiner
Heimat.

Zu II

Haag, Abkürzung für Den Haag, wo 1949
durch die nachgiebige Haltung Sukarnos
für Indonesien ein schimpflicher Friede
ausgehandelt wurde.

Zu III

Die Unterdrückung ist geblieben. In den 50-er
Jahren finden schwere Chinesen-Pogrome statt.

Zu IV

Pram klagt die Regierung wegen Rassismus an
und wird verhaftet.

Zu V

Pram ist mehrere Jahre im Gefängnis.

Zu VI

In Indonesien wächst die zweitgrößte
kommunistische Partei der Welt nach China
heran. Pram ist in der kommunistischen
Kulturfront tätig.

Zu VII

Am 1. Oktober 1965 putscht die Armee unter
Führung von Suharto und mit Hilfe der CIA

und MI5. Zwischen einer und drei Millionen
Menschen wurden oft bestialisch massakriert.

Zu VIII
Pram wird verhaftet und schließlich auf die
Malaria-verseuchte Gefangeneninsel Buru zu
Zwangsarbeit verbannt.

Zu IX
1974 tauchen Gerüchte auf, wonach Pram
bei dem Massenmörder Suharto um Abbitte
geleistet habe. Das Zitat stammt aus einem
Interview von Rindl mit ihm.

Zu X
Am 8. 10. 1978 erfuhr ich von freigelassenen
Buru-Häftlingen, dass Pram standhaft
geblieben sei.
Anfang der 90-er Jahre kam Pram nach
Hamburg, wo ich ihn kennenlernte. Ein äußerst
liebenswürdiger Mann, ohne die geringste
Arroganz. Mein Freund Sudrajat hat dies
Gedicht (1975 beendet) übersetzt und ihm bei
seinem Besuch 1998 überreicht.
Am 30. April 2006 ist Pram mit 81 Jahren in
Jakarta verstorben.

Ich habe die Geduld nicht

Ich habe die Geduld nicht
zu feilschen
Ich bin ein Kind
stehe da
ohne Absicht
manchmal heule ich
und werde verhöhnt
manchmal lache ich
und alles wird stumm
Ich habe die Geduld nicht
zu wägen
Gewichte zu heben
den Wert des Goldes
oder Silbers
zu bestimmen
Ich stehe da und sage ja
ich stehe da und sage nein
meine Hand
unbeschwert von Gold und Silber
fühlt nur ihr eigen Gewicht
und das ist gar nicht spezifisch
Ich habe die Geduld nicht
zu streiten
ohne mein Zutun

verfängt sicht
das Dafür und Dawider
in den Gedärmen degenerierter Schädel
Ich habe die Geduld nicht
zu zählen
Statistiken lügen
und Träume haben Recht
Ich habe die Geduld nicht
Tote zu beglückwünschen
um Lebende zu trauern
Ich habe die Geduld nur
auf den Menschen zu warten
dem mein Lächeln gilt
und meine Zuversicht.

1962 Freiburg/Bg

Auf der Totenbahre ...

Auf der Totenbahre der Sekunden
trägt man mich vorbei an den Zeichen der Zeit
ein Mann, der das Blatt vom Kalender löst
das Gejaule des Hundes vor verschlossener Tür
abgetrennte Füße neben dem zertrümmerten
   Wagen
und eine alte Frau sagt: J'ai confiance en vous.
Ich kenne sie nicht.
Und ein junger Mann sagt Arschloch
und ich kenne ihn nicht
Wankelmütig stehe ich am Ufer des Flusses
und gehe hinein
Ich halte junge, sterbende Schwalben in meiner
   Hand
über die meine Räder rollten
und ich denke an Krieg
ich höre das blaue Sirenengeheule
und sitze in den Kellern der Inquisition
neben modernden Leichen
an den Millionen Stätten der Grausamkeit
Rachsucht und Sklaverei
auf dem dürren Klepper meiner Phantasie
reite ich gelähmt und stumm
die endlose Reihe Gefangener ab

an allen Enden der Welt tritt und schlägt man
    mich
ich habe die Kraft nicht mehr
mein Blut in die Fratzen der Wächter zu speien
die im Boden der Heimat wurzeln
und denen Gott Kraft durch Gnade erweist.

1962 Freiburg/Bg

La carcasse

Vor grauen unbewohnten Fensterhöhlen
    Wäschefetzen
ein hohles Flussbett – im Stein die Zeichen des
    Wassers
verkohlt die Wälder brach die Äcker
verkrustet die Schrift aus Blut
eine Hand deren Nägel der Schmerz im
    fremden Arm verkrallt
ein kahler Schädel
aus dessen Auge ein dünner Streifen Ameisen
    rinnt
zwischen schreiend geöffneten Beinknochen
ein vertrockneter Fötus
totes Stöhnen unter Trümmern
"Wir bitten Sie, den Ort so zu verlassen, wie Sie
    ihn vorgefunden"
eine Handvoll Toter beim Picknick auf
    schwarzem Asphalt
" ... laden Sie ein zum gemütlichen
    Beisammensein"
wohlerhalten das Siegesdenkmal
und auch eine Rechenmaschine
und den Toten sind alle Kleider zu groß
und den Toten sind alle Wege zu weit

und das Weinen fällt allen Toten zu schwer
und das Licht umhüllt die dunkle Asche der
    Blindheit.

1963 Freiburg/Bg

Gustavsberg

Haushohe Pressen und Stanzmaschinen
(250 Tonnen Druck und 110 Phon)
beherrschen die Halle
(250 Tonnen halten einem Fischkutter
mit Mann und Maus die Waage
und 110 Phon sind für manche Lebewesen
    tödlich.)
Sie schlucken rohen Stahl
und kotzen Gebrauchsgüter.
Sie dröhnen und stampfen
und brüllen und jammern.
Gigantische Babies
geboren
in den grauen Zellen der Großhirne.
Es gibt auch Menschen dort.
Kleine, ölverschmierte Menschen
flattern wie Zaunkönige umher,
um sie zu pflegen.
Sie gestikulieren wild und ... stumm,
(denn die Babies schlucken auch Worte)
sind taub mit ihren verstopften Ohren,
denn das Trommelfell ist überflüssig,
und blind fast,
denn das Zischen

automatischer Schweißbrenner
lässt sie die Augen zukneifen.
Du tippst einem auf die Schulter,
mit einem Grunzen eilt er weiter.
Verwundert fragst du:
Wo sind deine fünf Sinne?
Was haben die Menschen euch noch gelassen?

Ich will eine Frau und fünf Kinder,
sagt der eine und der andre hat sie.
Sie wollen gute Väter und Männer sein.
Oh ihr Frauen und Kinder geht hin
und seht
was aus euren Vätern und Männern wird:
Wie sie entlangtölpeln an den Fließbändern,
die den Akkord zu Sekunden zermahlen.
Und jede Sekunde ein Nadelstich
in ihr Herz und Hirn.
Ihre Bewegungen sind von der Stoppuhr
   bemessen,
die sie mit kleinen Tricks zu überlisten suchen,
immer nur zu ihrem Schaden.
Wie sie um diese Babies hüpfen
sie ununterbrochen füttern, tätscheln
und werden doch jeden Abend nur,
geschunden, getreten, verdreckt

vor die Tore der Fabrik gekotzt.
Ihr Frauen und Kinder geht hin
und lernt diese Lektion:
Das edelste Gebrauchsgut ist die Maschine,
der Mensch war es nie.

1967 Gustavsberg

Heimat – was ist das?

Der Ort, wo mich die Zange des Zufalls
aus einer Nacht, unendlich ferne, hob?
Das Land, wo ich die e i n e Sprache lernte,
die dort ein j e d e r sprach?
Das Haus, in dem das Summen der Verbote
das der Wespen übertraf?
Die Stadt, in der das Dunkel der Schulen
das Blau der Ziellosigkeit verdeckte?
Das Zimmer, in dem der Stundenschlag
der Gewohnheit kaum noch hörbar war?
Die Zeit der Kreuzzüge unter der Flagge
der Zuversicht
und die immer endeten
am Rand der Verzweiflung?
    Soll das die Heimat sein?
Ich fürchte – ich fürchte sehr -
man hat euch und mich betrogen.
Heimat liegt auch dort,
wo du nie deinen Fuß hinsetzt.
An ihren Grenzen stehen Schlagbäume nicht
und auch keine Wachtürme.

1967 Stockholm

Heimat

ist nicht ein Land
in das man gelangt,
um Fuß zu fassen,
sich niederzulassen,
   ist nicht ein Land,
das einen verbannt,
das deiner spottend
sich zusammenrottet,
   ist nicht ein Land,
das mit Raub und Brand
neuen Raum gewinnt
und andere bezwingt,
   ist nicht ein Land,
in dem Tote mehr Rechte
als Lebende haben.
Wo denn liegt meine Heimat
und wo die deine?
Erst legt Karten und Kompass aus der Hand
und folgt den Wegweisern eurer Sehnsucht ...
schließt am besten eure Augen,
um besser noch zu sehen ...
   ... ein dahineilender Zug und die Augen einer
   Mutter
einen Halt an dir suchend ...

(wann und wo?)
    ... unerwartet eine freundlich-schwere Hand
auf deiner Schulter ...
(wann und wo?)
    ... eine fliehende Sonne unter den leichten
Flügelschlägen der Zeit ...
(wann und wo?)
    ... der Duft einer Frau
schwer und unvergesslich ...
(wann und wo?)
    ... die Linien eines Mundes
nah und unerreichbar ...
(wann und wo?)
    ... und manchmal
wenn man dich fragt,
was du jetzt denkst
und du sagst: Nichts,
bist du villeicht
im Land deiner Heimat.

1967 Schweden

Ich frage euch ...

Ich frage euch, sind wir nicht Hurensöhne?
Die an allem immer nur das Schlechte sehen?
Die an nichts ein heiles Haar nur lassen?
Nicht sehen, wie die Kirche auch Almosen gibt,
Todkranken, Blinden, Bettlern hilft,
unmenschlich Zerfetzte aus Schützengräben
   pflegt?
Zerfetzt von Kanonen, brandneu,
die sie zuvor gesegnet hat!
Almosen aus einem Schatz,
der größer, blutiger nicht zu denken wäre,
geraubt, erschunden, gestohlen, erpresst!
Ich frage euch, sind wir nicht Hurensöhne?
Die immer nur das eigene Nest beschmutzen?
In der besten Suppe noch eine Fliege finden?
Nicht sehen, wie das Vaterland sich Sorgen
   macht,
um seine Söhne, Töchter, Mütter,
dem einfachsten Arbeiter zum Radio verhilft?
Für die Aufrufe ein Radio,
an die heiße oder kalte Front,
denn ein Staat besteht aus vielen Fronten,
gemacht von Hetzern, Mördern und
   Konzernen!

Ich frage euch, sind wir nicht Hurensöhne?
Die alles in den Dreck nur ziehen
und doch von nichts nur einen Deut verstehen?
Die in Amerika nur die verschmutzten Sklaven
    seh'n,
aber Cadillacs nicht und nicht die
    Wolkenkratzer!
Bei Sudamerika nur an die Diktatoren denken!
Gestüzt auf der Ledernacken Bajonette!
Die in Deutschland die Nazis nicht aus den
    Augen verlieren,
in Spanien nur Gefängnisse sehen, Bomben in
    Vietnam
und in Angola die Nilpferdpeitschen.
    Schluss jetzt, Schluss. Jedes Ding hat doch
    zwei Seiten,
eine Gute, eine Schlechte.
    Fest steht: Ihr seid die Verderber,
    Volksverhetzer, Kinderschänder!
Verständlich, dass manchmal einem das nicht
    schmeckt,
man sich selbst nicht mag und es an Mut gebricht.
Denn, ihr Hurensöhne, denkt daran:
Viel Feind, viel Ehr! Das stärkt den Mann.

1967 Stockholm

Wir, die Schuldigen ...

Die Trägheit liefert uns ans Messer der Zeit
und leistet Vorschub den anderen.
Wir finden uns allein oder auch zu zweit
ohne Waffenschutz – wir wandern.

Waten über qualmende Trümmerhalden
und trennen uns nicht von der Last
der Lieder längst verstorbener Skalden.
Brechen auf und ab, ohne Hast,

unser Lager auf dem Weg in die Zukunft
und machen immer wieder Halt
an alten Feuerplätzen; ohne Vernunft,
denn die Asche ist lange kalt.

Stattdessen: die Hüllen sprengen und die Häute,
die anderen zweifeln lassen an der Beute.
Uns hüten, ein Glück und Güter zu horten.
Uns hüten vor der Flucht und großen Worten.

1968 Frankfurt/M

Der Donner der Aurora

Noch ist der Donner der Aurora nicht verhallt
als in Gdansk und unter'm Hradschin
Qualm und Rauch das rosa Antlitz
der Eos, zornrot, tränenrot in Dunkel hüllt.

Schon breitet winterliche Kälte der Palast
neuerlich, wo der Proleten
Macht ganz kürzlich noch in Werken
der Menschen Hoffnung erstmals genial gefasst.

Doch mächt'ger Wind erhebt sich fern im
   Osten. Rot
peitscht er frei den Himmel. Feuer-
zungen an dem Ungeheuer
gefräßig zehren. Welten sind nicht mehr im Lot.

Schon hat auf roten Fetzen Tuch sich
   festgekrallt
Eos Trauer – die Zikade,
zirpt die Internationale,
die drohend jetzt den Mächt'gen in den Ohren
   schallt.
Noch ist der Donner der Aurora nicht verhallt.

1971 Frankfurt/M

Amilcar Cabral

Großer Lehrer deines tapf'ren Volkes
sie haben dich ermordet
Doch 'die große feuchte Ebene hat Feuer
    gefangen'
Lala kema, kau di sukundi ka te
    Vor zehn Jahren hat der Kampf begonnen
der Funke ward geboren
und 'die große feuchte Ebene hat Feuer
    gefangen'
Lala kema, kau di sukundi ka te
    Auf dem Schlachtfeld wurden sie geschlagen
besiegten Menschen Waffen
denn ' die große feuchte Ebene hat Feuer
    gefangen'
Lala kema, kau di sukundi ka te
    Deine Lehren setzten sie in Schrecken
sie kämpfen nur mit Schwertern
doch 'die große feuchte Ebene hat Feuer
    gefangen'
Lala kema, kau di sukundi ka te
    Schwören wird dein Volk bei deinem Blute
zu töten diese Schurken
zu kämpfen bis zum Sieg
Lala kema, kau di sukundi ka te*

* Vers aus einem patriotischen Lied des Volkes von Guinea-Bissau und zitiert von Amilcar Cabral in seinem Bericht an das Exekutiv-Sekretariat der OSPAAL im Dezember 1966, erschienen 1968 im Oberbaumpresse, Berlin.

95

1973 Frankfurt/M

Volksrepublik China

Ich besinge
deine Schönheit, deine Kraft
dein Volk
   das würdevoll und überlegt
   Unmögliches vollbringt
   und eine fern geglaubte Zukunft
   zur Gewissheit werden lässt
   ihr Arbeiter und Bauern
   groß ist eure Macht
   lasst sie nicht fallen
   euer Schicksal hängt daran
   und ein Stück Schicksal
   unserer Welt.

1973 Hamburg

30 Jahre danach

Kalt war der Winter jenseits der Weichsel
steinhart der Boden, gesprengt die Brücken
im Jahr '45 im Januar.

Glänzend im Dunkel lag dünn die Decke
aus Eis und Stroh auf dem breiten Strome
im Jahr '45 im Januar.

Geschütze donnernd von Ferne drohten,
Menschen, die finster in Massen flohen
im Jahr '45 im Januar.

Versteckt die Sterne. Angst auf den Stirnen
setzt alles über zum anderen Ufer
im Jahr '45 im Januar.

Doch niemand sprach uns Kindern von der
Schuld.
Die war so groß, dass man die Heimat gab.
Im Jahr '45 im Januar.

1975 Hamburg

Ballade vom Enweder-Oder

Wer wollt nicht lieber hungrig sein
Würmer fressen oder Mucken
statt voll gestopft mit Leckereien
immer nur Verachtung schlucken.
Wer wollt nicht lieber durstig sein
Wasser saufen, stink'ge Brühe
statt voll zum Rand mit gutem Wein
böse Worte runterwürgen.
Wer ist nicht lieber ohne Obdach
nächtigt unter Brettern, Brücken
statt eingehüllt in Decken warm
Ohnmacht tief im Fleische spüren.
Wer ist nicht lieber ohne Arbeit
zwingt die Hände in den Schoß
statt mühend sich tagaus, tagein
nichts zu sein als Sklave bloß.
So nenn dich einen freien Mann
bau' stracks dir eine Arche Noah
bevor der Feind dich packt und dann
am Galgen hängst wie einst François.

* François Villon lebte von 1431–1463. Der erste große
Dichter der französischen Literatur.

1975 Hamburg

KURZGESCHICHTEN

99

Ein Kinderbuch:

Wenn die Großen klein werden ....

Es war einmal an einem wunderschönen Sommermorgen, dass Grete aufwachte, sich die Augen rieb, gut gelaunt wie immer und ihren Bruder mit einem furchtbar lauten Pfiff aufweckte. Hans fuhr hoch und warf, schlecht gelaunt wie immer, seiner Schwester einen wütenden Blick zu. Und da ... ja, was war denn das? Er schaute einmal und sie schaute einmal und beide schauten noch einmal, sie rieben sich die Augen und Hans vergaß, dass er schlechte Laune hatte, und fing furchtbar an zu lachen. Seine kleine Schwester war nicht mehr seine kleine Schwester, sondern eine große Schwester. Und wie groß! Und die lachte auch.

"Warum lachst du denn so blöd?" fragte Hans plötzlich. Grete prustete: "Wie siehst du denn aus? Du hast ja einen Kopf wie ein Pferd." - "Und du wie ein Ochse." Und Grete hörte sofort auf zu lachen, langte sich an die Ohren und merkte, dass sie auch über Nacht zu einer großen Frau geworden war. Und aus ihrem kleinen Bruder war über Nacht ein großer, starker junger Mann geworden. Sie sprangen aus den Betten und schrien und machten einen Freudentanz: "WIR SIND ERWACHSEN! WIR SIND ERWACHSEN!"

Dann rief Grete: "Mensch, die Eltern wissen das noch gar nicht!" - "Oh, ja.» Beide stürzten los ins Schlafzimmer ihrer Eltern und ... plumps ... fliegen beide auf die Nase. Wer war denn der kleine Zwuckel, über den sie beide da gestolpert waren? Wie waren sie erstaunt, dass der kleine Zwuckel niemand anders als ihr Papa war und sie schauten zum Bett hinüber und da guckte eine kleine Zwuckelin ganz verschüchtert unter der Bettdecke hervor und das war niemand anderes als ihre Mama. Das fanden Grete und Hans so komisch, dass sie noch lauter als vorher lachen mussten. Plötzlich hörte Hans auf, wurde sehr ernst und schrie seinen Mini-Papa an: «Kannst du nicht besser aufpassen, du Idiot?" Hans stand auf und rieb seine große Beule am Kopf. Papa stand auch auf und sagte: "Ja, aber ...» Hans schrie: "Keine Widerrede. Anziehen, los, ein bisschen dalli." Eigentlich hatte Hans das nur so im Spass gemeint. Daher staunte er sehr, als Papa ohne ein Wort seine kleinen Sachen nahm und ins Badezimmer verschwand.

"Nanu, was ist denn das?" sagte Grete und beide mussten wieder laut wiehern. Endlich stand Grete auf, tröstete die ganz verschüchterte Mama und meinte dann zu Hans: "Komm, bis zum Frühstück gehen wir noch in den Garten." Beide rannten wie ein Wirbelwind hinaus, die Treppe hinunter, unter dem Birnbaum hindurch und da ... da hörte Grete hinter sich einen schrecklichen Schrei. Natürlich Hans. Der hatte ganz vergessen, wie groß er jetzt war, und war mit voller Wucht gegen den untersten Ast des Birnbaums gerannt. Jetzt saß er heulend da und hatte schon zwei Beulen am Kopf. Er wischte sich die Tränen ab und fragte Grete ganz ernst: "Sag' mal, dürfen Erwachsene denn auch heulen?" Grete musste lachen: «Na klar dürfen sie. Manchmal heulen sie noch viel lauter als Kinder."

Hans glaubte ihr nicht recht, aber da sie gerade zum Frühstück gerufen wurden, vergaß er schnell seinen Kummer. Die Eier schmeckten wunderbar, denn sie waren gerade richtig gekocht, nicht zu hart und nicht zu weich. Als Papa sich ein zweites Ei grabschen wollte, bekam er von Hans sofort eins auf die Finger. Papa war sehr empört und fing furchtbar an zu schimpfen. Das half ihm aber gar nichts, weil er selbst immer gesagt hatte: "Die Großen bekommen zwei und die Kleinen bekommen eins. Das ist ein guter alter Brauch und an dem wird nicht gerüttelt." Klein-Papa heulte verzweifelt: "Was soll ich denn sonst auf's Brot nehmen?" - «Marmelade!" sagte Hans kurz und bündig und legte sich zwei dicke Wurstscheiben auf sein Brot. Aus Trotz hörte Papa auf zu essen, Grete kicherte und Mama kapierte gar nichts mehr, weshalb sie anfing, Staub zu wischen. Als Hans und Grete gemütlich zu Ende gegessen hatten, stand Papa auf und sagte: "Ich geh' den Wagen in Ordnung bringen." Aber bevor er an der Tür war, sagte Grete: "Aber erst, wenn der Tisch abgeräumt ist! Und Mama, du machst dich fertig. Du hast doch gesagt, dass wir einkaufen gehen." Grete und Hans verdrückten sich und überlegten eifrig, was Grete mitbringen könnte. "Einen Kranwagen für die Eisenbahn," meinte Hans. "Au ja," sagte Grete, "und eine Weiche brauchen wir auch noch. Die alte ist doch kaputt." Dann drängte Hans: "Los, du musst dich beeilen, sonst machen die Geschäfte zu, es ist doch Samstag heute."

Grete rief nach Mama: "Mama, bist du fertig?" Als sie ins Schlafzimmer kam, stieß sie einen Schrei aus: "Wie siehst du denn aus? Wie eine Vogelscheuche!" Sie riss ihr den Hut vom Kopf: "Der sieht aus wie ein Nachttopf. Und diese Bluse! Unmöglich! Passt überhaupt nicht zu den

Strümpfen. Nun los, mach' schon. Es ist doch Samstag heute!" Mama jammerte: «Was soll ich denn anziehen? Ist doch alles viel zu groß." Grete ging an ihren Schrank: "Hier gibt es genug Klamotten." Und sie warf ihr zu, was sie gut fand. Mama musste anziehen, was Grete gut fand und am Ende sah sie aus wie ein Buntspecht. Aber Grete sagte: "So gefällst du mir." Dann gingen beide los. "Vergiss nicht den Kranwagen," rief ihr Hans hinterher.

Für Klein-Mama war das gar kein Spaß, obwohl sie sich sonst immer auf das Einkaufen freute. Sie kam gar nicht mit Gretes großen Schritten mit, weil sie ja nun so klein war. Als sie um die Ecke bogen, erschrak Mama fast zu Tode. Da kam nämlich ein riesengroßer Hund auf sie zu, so groß wie ein Auto. Sie wollte schnell umdrehen, aber Grete hielt sie fest im Griff und Grete sagte: "Nun hab' dich mal nicht so dämlich. Hast du noch nie einen Hund gesehen?" Und Grete hätte ihr fast den Arm ausgerissen, weil sie nicht schnell genug weiterlief. Beim Bäcker bestellte Mama ein Schwarzbrot, aber Grete fuhr dazwischen: "Nein, ein Weißbrot. Schwarzbrot mag ich nicht." Die Bäckerin schaute verwundert drein. «Na, was denn nun?" Grete warf Mama einen strafenden Blick zu und sagte entschieden: «Ein Weißbrot natürlich!"

Beim Hinausgehen wäre Mama beinahe von der schweren Türe eingeklemmt worden. Aber Grete schimpfte nur und meinte: "Warum beeilst du dich nicht, du weißt doch, dass wir keine Zeit haben." Mama ließ sie einfach schimpfen und schaute sich die Schaufenster an. Aber Grete kam angerannt und schrie: "Wo bleibst du denn nur?" Sie wurde von dem Kleidergeschäft mit seinen neuen Auslagen weggerissen, stolperte über ihre Füße und verlor einen Schuh. Sie zerrte Grete zurück, die dadurch noch wütender wurde und ihr eine hinter die Ohren gab. "Kannst du nicht besser aufpassen? Kannst wohl nicht mehr laufen, wie?"

Und so ging das immer weiter. Wo Mama stehenbleiben wollte, wollte Grete nicht stehenbleiben und umgekehrt. Schließlich hatten sie alles, was sie brauchten und manches, was sie nicht brauchten. Grete hatte nämlich Mama ein ganz neues Mützchen gekauft, was sie auf keinen Fall haben wollte. Aber Mama musste es aufsetzen, da half alles nichts. "Undankbares Ding. Nie kann man es euch recht machen." Mama nahm sich vor, das süße Mützchen so schnell wie möglich zu verlieren.

Als sie nachhause kamen, wartete Hans schon

ungeduldig. "Wo bleibt ihr denn nur? Nun gib schon her, ich habe die Eisenbahn schon aufgebaut. Und Hunger habe ich auch. Wann ist das Essen fertig?" Mama sauste wie ein Blitz in die Küche. "Ich beeile mich ja schon." Die Kinder verschwanden in ihr Zimmer, wo sie unter großem Geschrei die Züge zusammenstoßen ließen. Bald rief Mutter zum Essen.

Wie sie sich gerade zu Tisch setzten, kam Vater schwitzend und verdreckt herein und wollte sich auch setzen. Da fing Hans wieder zu brüllen an: "Die Hände brauchst du dir wohl nicht zu waschen, wie? Wie siehst du denn aus? Hab' ich dir nicht gesagt, du sollst auf deine Klamotten aufpassen?" Knurrend ging Papa seine Hände waschen.

Wie jeden Samstag gab es Gemüsesuppe mit Fleisch. Hans legte das Fleisch ganz selbstverständlich auf seinen Teller, um es aufzuschneiden und zu verteilen. Für sich und Grete schnitt er zwei große, dicke Scheiben ab, für Klein-Papa und Mama je eine dünne Scheibe. Als Mama protestieren wollte, sagte Grete: "Ruhe, beim Essen spricht man nicht." Dann schöpfte Hans den Eltern viel Suppe raus, die sie natürlich nicht so gerne mochten wie das Fleisch. Papa druckste an seiner Suppe herum und schaute gierig auf die großen Fleischbrocken, die Hans und Grete sich in den Mund stopften. Papa jammerte: "Ich mag nicht mehr." Hans antwortete: "Es wird gegessen, was auf den Tisch kommt." Und so stopfte Papa die Suppe hinein, bis sein Kopf so dick und rot wurde wie eine Tomate.

Nach dem Essen mussten die Kleinen das Geschirr abwaschen und die Küche aufräumen und die Großen, nämlich Hans und Grete, luden sich eine Menge Freunde und Freundinnen ein und machten in ihrem Zimmer ein großes Fest. Sie bastelten zusammen einen großen Bahnhof, in dem man Essen und Trinken bestellen konnte. Das musste natürlich Mama aus der Küche liefern.

Deshalb waren Hans und Grete beim Abendessen schon so satt, dass Papa ungestört zehn Wurstbrote hintereinander verdrücken konnte. Danach bestimmte Hans, dass zuerst die kleinen Schweinchen, nämlich Papa und Mama, baden gehen sollten, während Grete und Hans es sich vor dem Fernseher bequem machten. Aber Papa und Mama wurden und wurden nicht fertig, bis Hans zu Grete sagte: "Geh' doch mal schauen, was die da treiben."

Als Grete ins Badezimmer kam, spielten die beiden mit Schachteln, Tuben und Bürsten Schiffchen. Grete schimpfte: "Nun ist aber Schluss, wir wollen schließlich auch noch baden." Und den Papa fragte sie: «Hast du auch schön deinen Pimmel gewaschen?" Papa stotterte nur und wurde so rot wie beim Mittagessen, als er die Suppe nicht hinunterbekam.

Kurz darauf kamen die Eltern ins Wohnzimmer und nun waren die Großen an der Reihe. Hans und Grete lieferten sich in der Badewanne eine Schlacht, dass am Ende mehr Wasser neben der Wanne als drinnen war. Als sie sich ausgetobt und abgetrocknet hatten, legten sie die Bademäntel an und gingen ins Wohnzimmer. Als erstes räumte Hans Vaters Füße vom Tisch, ging dann zum Fernseher und stellte ihn ab und sagte: "Höchste Zeit fürs Bett." Papa fragte: "Aber warum denn?" - «Weil ich es sage, basta." Und jetzt wurde Papa richtig wütend. Er schlug mit seiner kleinen Faust auf den Tisch. "Das ist ja noch schöner," schrie er, "wenn man nicht mal mehr Fernsehen schauen kann und außerdem bin ich immer noch dein Vater, damit du es weißt." Aber Hans sagte nur ganz ruhig: "Nun halt mal die Luft an. Schließlich haben wir uns euch beide auch nicht ausgesucht." Da blieb Papa die Luft weg und er ging einfach hin und stellte den Fernseher wieder an. Jetzt wurde

Hans ungemütlich. "Der Fernseher bleibt aus, habe ich gesagt." - "Der bleibt an," schrie Papa und weil Papa nicht hören wollte, legte Hans ihn über's Knie und versohlte ihm den Hintern. Was blieb Papa anderes übrig, als heulend ins Bett zu gehen. Beim Hinausgehen sagte er nur noch. "Warte nur, bis ich mal groß bin." Hans und Grete lachten nur. Mama machte sich noch kleiner und huschte schnell aus dem Zimmer, damit sie nicht auch noch über's Knie gelegt wurde.

Und was machten Hans und Grete? Sie saßen so lange vor dem Fernseher, bis ihnen vor Müdigkeiten die Augen zufielen, genau so, wie sonst immer Papa und Mama.

Am Morgen wachte Mama auf und schaute sich erschrocken um. Dann weckte sie schnell ihren Mann und sagte: "Du, ich habe einen schlimmen Traum gehabt. Stell dir vor ..." Und sie erzählte die Geschichte, die ihr schon kennt. Am Ende sagte sie: "Du ich weiß nicht, aber ich glaube, dass wir nicht so alles richtig machen mit unseren Kindern. Was meinst du?" und der Papa kratzte sich nachdenklich am Kopf.

Ich habe das Buch mit Kindern und Erwachsenen getestet. Die Erwachsenen waren in der Regel nicht begeistert, die Kinder dafür umso mehr. Ge-

plant hatte ich drei Bücher.

Zufällig ergab sich eine Gelegenheit, den Text in ein Buch zu verwandeln. Eine Freundin wollte an der Hamburger Kunstakademie eine Abschlussarbeit mit einem Buch machen und konnte sich nicht entscheiden. Da gab ich ihr meinen Text zu lesen und auch sie fand ihn toll. Sie machte das Buch, das mit summa cum laude bewertet wurde. Damit gingen wir zu einigen Verlagen, die alle das Buch sehr schön fanden, aber immer sagten: "Aber wer soll das bezahlen?" Nicht zu Unrecht. Denn die Künstlerin hatte das Buch mit Figuren versehen, die aus den Seiten hochpoppten und die man verschieben konnte. (7 S.)

1976 Hamburg

Die Maske

Er öffnete die Tür ... und erstarrte. Vor ihm stand eine Katzenmaske, die zu einer großen Frau gehörte. Kräftiges, dunkles, fast schwarzes Haar umrahmte die Maske, ein dunkelbrauner Pelz verhüllte die Figur. Die Maske schien zu lächeln.

"Willst du mich nicht bitten, einzutreten?"

"Njaaa ... doch ... bitte."

Verwirrt öffnete er die Türe etwas weiter und machte eine unbeholfene Geste. Eine warme, angenehme Stimme, dachte er. Undeutlich stotternd wollte er ihr aus dem Mantel helfen.

"Nein danke. Wo geht es hinein?"

"Aber bitte, wie Sie ... hmmm ... wie du willst, hier."

Er öffnete die Tür zum Wohnzimmer. Sie trat mitten in den Raum und er schloss die Tür hinter sich. Die Frau war stehen geblieben und musterte eingehend und ungeniert das Zimmer.

"Hmmm."

Es klang, als würde die Wohnung zu vermieten sein und von ihr für annehmbar befunden worden. Das steigerte seine Verwirrung. Als hätte sie es ebenso empfunden, milderte sie diesen Eindruck, indem sie sagte:

"So wohnst du also."

Sie drehte sich nochmals um ihre Achse und ließ sich dann in einen Sessel fallen. Ihr Parfum, unaufdringlich, aber unverkennbar, verbreitete sich im ganzen Zimmer.

Er stand immer noch und schien nicht allzu intelligent auszusehen, wie er sich selbst eingestehen musste. Prompt kam es von ihr:

"Hast du mich nicht erwartet oder warum stehst du so bedeppert herum?"

Für sie schien es die normalste Situaion der Welt zu sein. Sicherlich war es für sie nicht das erste Mal. Als wäre sie nicht eine fremde Frau mit einer Maske vor dem Gesicht, die sogar weitgehend den Mund bedeckte. Es war nicht eine der billigen Katzenmasken, wie sie zum Karneval an jeder Ecke zu kaufen waren. Dies war eine kunstvolle und sehr realistisch gearbeitete Maske. Eine grau getigerte Katze mit kohlschwarzen Augen.

Er mochte Katzen und speziell getigerte. Er hatte selbst einige besessen und wusste, dass sie keine schwarzen Augen haben. Aber die Augenlöcher der Maske ließen die wahre Augenfarbe nicht erkennen.

"Findest du nicht, dass es unsere Unterhaltung erleichtern würde, wenn du säßest und vorher vielleicht einen Wein holen wolltest?"

“Aber ja, doch … ich bin verwirrt … Was möchtest du trinken? Einen roten oder einen weißen?“

“Wie wäre es mit einem Rosé?”

“Einen französischen, einen Hermitage glaube ich …”

“Hermitage gibt es nur in Rot. Am besten schaust du mal nach,” sagte sie lachend. “Und zu erröten brauchst du deswegen doch wirklich nicht.”

Nun ja, Recht hatte sie. Er benahm sich wie ein grüner Junge. Mit einem Lachen versuchte er seine Verlegenheit zu überspielen und ging hinaus. Kurz danach kehrte er mit zwei Gläsern, einer Flasche und einem Korkenzieher zurück. Er zeigte ihr die Flasche.

“Geht das in Ordnung?”

Sie las laut den Namen. “Doch das geht.”

Dankbar widmete er sich dem Öffnen der Flasche und schenkte zeremoniell die Gläser ein, bemüht, nichts falsch zu machen.

“Als wärst du Kellner im Grand Hotel, der zum ersten Mal Gäste bedienen darf.”

Wieder erklang ihr übermütiges Lachen. Die kann wohl Gedanken lesen, durchfuhr es ihn. Als wäre er von der Mutter als Kind beim Naschen erwischt worden. Deshalb wurde er in solchen Situationen auch immer noch rot. Sie hob das Glas und prostete ihm zu.

"Auf die Lust, Fremder ... nein, bitte nicht ..." als er seinen Vornamen nennen wollte.

"Bitte nicht. Das hat noch Zeit ... wenn überhaupt. Auch deinen Nachnamen habe ich sofort wieder vergessen. Ich will dir meinen auch nicht sagen, denn das würde meinen Vorteil, den ich durch meine Maske habe, doch vermindern. Ein Name ist immer Teil einer Persönlichkeit, findest du nicht auch?"

"Nja, doch ... vielleicht." Er kam aus dem Staunen nicht heraus. Ständig behielt sie die Initiative in der Hand. Das war für ihn eine völlig ungewohnte Situation.

Sie schlürfte den Wein, ohne dabei den Mund zu entblößen. Eine Katze, die Wein säuft, dachte er und musste grinsen.

"Was findest du so zum lachen?"

"Ich habe mir nur eine betrunkene Katze vorgestellt."

"Nun, das Vergnügen werde ich dir nicht bereiten. Aber wie wäre es hiermit ..."

und sie schlug ihren Pelzmantel auf und saß nackt vor ihm. Das heißt, nicht ganz nackt. Ein seidener Hauch umhüllte ihren Körper, die kleinen Brüste mit großen, dunklen Brustwarzen, die leichte Wölbung ihres Bauches und ihren schwarzen Venushügel.

Unwillkürlich hatte er die Luft angehalten. Hörbar atmete er aus. Und wieder kam er sich wie ein kleiner Junge vor. Sie ließ nicht zu, dass er Oberwasser erhielt.

"Stand nicht in deiner Annonce, du wolltest Lust statt Frust?"

"Ja, doch ... aber ... also, ich bin ... ich habe so etwas halt noch nicht erlebt. .."

"Dann hast du wohl immer nur phantasielose Frauen gehabt."

"Im Vergleich kann man das wohl so ausdrücken, ja." Er hatte sich einigermaßen gefangen und erhob sich.

"Aber jetzt darf ich dir wohl aus dem Mantel helfen?"

"Du darfst." Sie streifte die eleganten Schuhe ab und erhob sich ebenfalls. Der Mantel fiel fast von selbst auf den Sessel. Als er sie umarmen wollte, hielt sie seinen Arm fest.

"Einen Moment bitte. Lösch das Licht und geh mal zum Fenster."

Verblüfft gehorchte er ihrem Befehl. Als er am Fenster stand und auf die spärlich beleuchtete Straße hinuntersah, trat sie an seine Seite.

"Was siehst du?"

"Tja, alles mögliche. Meinst du den Typen,

der dort drüben mit hoch geschlagenem Kragen steht? Wartet er auf dich?”

“Ja.”

Entsetzt trat er einen Schritt zurück vom Fenster und starrte sie mit offenem Mund an.

“Nicht, was du denkst. Aber du wirst zugeben müssen, dass meine Eskapade ein wenig riskant ist, wogegen ich mich versichert habe. Aber du kannst beruhigt sein. Der bleibt dort drei Tage stehen, wenn nötig, es sei denn, du versuchtest, mit Gewalt meine Maske zu entfernen. Dann würde er sich in Bewegung setzen.”

Als er sich immer noch nicht beruhigte, fügte sie beschwichtigend hinzu:

“Dies ist meine einzige kleine Bedingung, Fremder ... Alles Weitere bleibt dir überlassen. Tu, was du willst, was dir Lust bereitet. Oder willst du mich wieder nachhause schicken?”

Er schaute sie an, dann wieder den Typen auf der Straße, der versteinert zu sein schien, schaute sich suchend in seinem Zimmer um. Noch nie war er sich so nackt vorgekommen, so ausgeliefert, als hätte man ihn aus seiner Haut geschält. Krampfhaft versuchte er zu lächeln.

“Nein, nein, natürlich nicht. Aber ...”

“Was für Bedenken hast du?”

“Es ist alles so fremd, so merkwürdig. Als wäre

ich in das Zeitalter der Lucretia Borgia oder das der römischen Kaiserinnen versetzt worden."

"Na und, haben sie nicht angenehmer und vor allem sehr viel lustvoller gelebt?"

"Das mag schon sein, aber war nicht Lucretia diejenige, die ihre Liebhaber den Fischen im Tiber zum Fraß zuwerfen ließ?"

Sie lachte lauf auf.

"Ach so. Daran denkst du. Ich habe diese Möglichkeiten nicht, da ich weder einen Papst zum Vater habe noch eine römische Kaiserin bin."

"Du bedauerst es wohl?"

"Red keinen Unsinn. Ich frage dich nochmals, ob du mich wieder nachhause schicken willst?"

Soll ich sie hinauswerfen? Das wäre das einzig Richtige. Lass dich nicht auf so einen Scheiß ein. Dahinter steckt irgendeine üble Sache. Aber was? Was kann man schon von ihm wollen. Du musst dich nicht überschätzen. Doch warum verbirgt sie ihr Gesicht? Entweder ist sie grundhäßlich oder eine hochgestellte Lady, die sich nicht kompromittieren möchte. Häßlich kann sie eigentlich nicht sein. Dafür tritt sie eigentlich zu selbstbewusst auf.

"Was überlegst du? Ich warte immer noch auf deine Antwort."

"Sie können gehen."

Ihre Selbstsicherheit schien eine Sekunde lang ins Wanken zu geraten. Er schloss es zumindest aus ihrer kurzen Erstarrung, die seiner Aufforderung folgte. Allerdings war der Moment so kurz, dass er es nicht hätte beschwören mögen.

Geschmeidig schob sie ihre Arme in die Mantelärmel und legte bedächtig die beiden Seiten des Pelzmantels über ihren entblößten Körper. Sie stand auf, ging wortlos zur Tür und schloss im Gehen den Mantel bis zum Hals. Er folgte ihr und blieb unsicher stehen, als sie die Wohnungstür öffnete, sich umdrehte und dabei die Maske abnahm.

"Adieu, Fremder."

Mit einer Kopfbewegung warf sie die Haare nach hinten und ging gelassen die Treppe hinunter. Er stand ebenso erstarrt da wie in dem Moment, als er die Tür geöffnet hatte. Er hatte eben die schönste Frau seines Lebens gesehen. Er wollte etwas sagen, ihr etwas hinterherrufen, aber ihm war die Kehle völlig ausgetrocknet. Er warf die Tür ins Schloss und rannte zum Fenster. Nichts. Er öffnete es, schaute die Straße hinauf und hinunter. Nichts. Und dort, wo der Typ gestanden hatte: Nichts. Als hätte er nie dort gestanden.

1980 Hamburg

Die Erniedrigung

Du brauchst gar nicht so zu rasen. Kommst doch zu spät. Rasen! Zum Lachen! Mit meiner ollen Lambretta. 90 fuhr sie, wenn sie gut gelaunt war. Endlich die Elbbrücken. Nach zehn Stunden Fahrt. Mir war, als sei ich schon einmal im selben Moment, bei demselben Licht, bei demselben Wetter hier entlang gefahren. Nur in einem anderen Leben, einer anderen Zeit. Blödsinn! Du bist müde. Dies ist das erste Mal, aber deine Knie sind aus Kautschuk und Kohldampf hast du auch.

Diese Wolke, wie ein Elefant bei einer Zirkusnummer. Mit dem Arsch auf einem Podest und den Rüssel trompetend in der Luft. Und der Michel steht als Dompteur daneben. Paß jetzt auf, du Idiot. Wärst doch beinahe auf den Hänger aufgefahren. Der hätte nicht einmal etwas gemerkt. Und mir fiel die grauenvolle Geschichte ein von dem Lastwagenfahrer, der einen Herzschlag bekam und sofort tot war, als ihn ein Motorradfahrer ohne Kopf überholte.

Hauptbahnhof. Zehn vor fünf. Na ja, kannst du doch noch schaffen. Ist ja unwahrscheinlich, jetzt noch einen Job zu bekommen. Aber man weiß ja nie. Gut wäre es schon. Könnte ich morgen früh gleich anfangen. Endlich der Bau aus gelbem Klinker. Das Studentenwerk. Abgestiegen und erst einmal die Wand festgehalten. Die Beine sind wirklich aus Kautschuk. Jetzt reiß' dich zusammen. Die Treppe hoch. Im Aufenthaltsraum kein Schwein, nur kalter Rauch, Aschenbecher voller Kippen, Papier und Dreck auf dem Boden und Brandlöcher von ausgetretenen Zigaretten. Im Büro sitzt nur der alte M.: "Nö, heute kann ich nichts mehr für dich tun. Aber schau mal draußen am Brett." Der alte Sack. Bestimmt hat der was in der Schublade. Hebt er auf für seine speziellen Freunde. Die alte Leier. Das Brett! Als hätte da schon mal was Brauchbares gehangen! Na ja, früher mal, als die Zeiten noch besser waren. Die Löcher von den vielen Reißzwecken sind noch zu sehen. Aber jetzt! Ein paar verlorene Zettel, schon ganz gelb und verknittert von all den giftigen Blicken, die auf sie geworfen worden waren. Scheißjobs. Be- und entladen in der Brauerei, einsfuffzig die Stunde. Große Bierkisten schmeißen. Neun Stunden lang, aber mit Tempo. Nee, das ist nicht jedermanns Geschmack. Dasselbe bei der Alstermilch. Kenn ich. Damals mit José, der sich gleich in der ersten Stunde drei Kakao reinzog und dann aufs Scheißhaus flitzte und nicht mehr gesehen ward. Konnte mit seinem Dünnpfiff nachhause gehen, ohne Lohn versteht sich. Und was haben wir da noch? Ach ja, Rasenmähen und Teppichklopfen. Am Arsch der Welt. Zwei bis drei Stunden Knochenarbeit Und noch einmal so viel Fahrzeit und die Hälfte der Möpse geht fürs Fahrgeld drauf, wenn man es nicht rausschinden kann. Und idiotische Bürojobs natürlich, für die der Portier zu faul und der Chef zu blöd ist. Nee, danke.

Was für ein Schwachsinn. Da fährst du einmal quer durch die Republik, um einen anständigen Ferienjob zu ergattern und dann dies hier. Das hättest du auch in Freiburg haben können. Unsinn. Nicht einmal so etwas gabs dort. Die Stadt der pensionierten Beamten, der Generäle a.D., der Professoren und Assistenten und Pfaffen. Und jetzt stehst du vor diesem Brett. Was hast du hier nur zu suchen? Bist den ganzen Tag gefahren wie ein Bekloppter, kaum eine Pause gemacht. Hättest du besser den Bauch mal in die Sonne gehalten, die Nase von Blumen kitzeln lassen und mit dem Zeh in einem Mauseloch gestochert. Bei Kassel etwa, als die Sonne gerade durchkam. Aber nein, dafür hast du keine Zeit gehabt. Aber jetzt hast du Zeit, um dieses Brett zu beglotzen, Und das Brett wurde immer größer, dehnte sich nach oben und unten, wölbte sich um mich herum, die Zettel wurden immer kleiner, trotzdem konnte ich die Schrift lesen, aber nicht verstehen, weil auf einmal ganz merkwürdige Zeichen daraufstanden, chinesische oder griechische oder kyrillsche oder was weiß ich und ich strengte mich an, sie zu entziffern, zu verstehen, als würde davon ein Traumjob in Bangkok oder Honolulu abhängen, während ich schon von Brettern umgeben und eingeschlossen war und ich plötzlich keine Luft mehr bekam und meine Beine wieder ganz weich wurden und die Augenlider so schwer.

Ich schaue auf und will gehen. Da treffe ich auf den Blick eines Mädchens, das nur zwei Schritte neben mir steht. Naja, eher schon eine junge Frau. Ihr Kommen habe ich nicht bemerkt. Offenbar hat sie mich schon eine Weile beobachtet. Sie lächelt. "Entweder hast du einen Traumjob gefunden oder ..." - "Was oder?"- "Oder du träumst immer am hellichten Tag und dann wirst du niemals einen Job finden." -"Weder noch. Aber sag' mal, ist das hier immer so beschissen?" Sie verzog den Mund im Zweifel. "Nun, du mußt wirklich in aller Frühe hier sein, dann kannst du schon was erwischen. Aber im großen und ganzen steht es ziemlich schlecht."

- "Hast du denn was?" - "Nein." Sie lachte. Schöne Zähne, ein schöner Mund und grau-grüne Augen, die mich verdammt kritisch musterten. Auch etwas spöttisch. "Und was machen wir beide 'Vom Schicksal Geschlagenen' jetzt? Ich jedenfalls habe einen verdammten Hunger."

Wir fuhren zum 'Espresso', dem Treffpunkt in Hamburgs Innenstadt gegenüber der neuen Oper. In dem Schlauch von einem Lokal waren kleine Tischchen mit zwei Stühlen entlang dem Fenster auf gereiht. So gemütlich wie ein Bahnhofsperron, nur nicht so zugig. Und vor allem nicht spießig. Jazzkeller und italienische Cafés waren die Kristallisationspunkte der unzufriedenen Jugend, wo man wenigstens zeitweise dem 1000- jährigen Mief, der in der Adenauer-Ära unter anderen Vorzeichen seine Fortsetzung gefunden hatte, entkommen konnte. 0h ja, dieser Mief, der immer dichter wurde und sich quasi in der neuen Oper gegenüber materialisierte, deren Einweihung man nur mit einem Sprengsatz hätte feiern können.

Ich setzte mich ihr gegenüber. Wo hätte ich mich auch sonst hinsetzen sollen. Mich erstaunte die Sicherheit ihrer Bewegungen und Gesten. Nichts von dem üblichen gespreizten und gezierten Jungmädchengehabe. "She is a woman", dachte ich.

Ich bestellte Spaghetti und sie einen Sandwich. Wir tranken einen billigen Wein. Während ich mit den Spaghettis kämpfte, erzählte ich von Freiburg, diesem Kaff, das nur durch die Umgebung, die Weinstuben am Kaiserstuhl und seine Nähe zu Frankreich erträglich war - diese verdammten Spaghettis, warum habe ich nichts anderes bestellt - von der Jobsituation dort - jetzt baumeln sie mir schon wieder um Nase und Kinn - von meiner Fahrt auf dem Motorroller - wenn ich das Zeug nur endlich drunten hätte - und ich redete und redete und mit einem manchmal spöttischen Lächeln hörte sie mir zu.

Hörte sie mir überhaupt zu? Abrupt hörte ich auf zu quatschen. "Du hörst mir überhaupt nicht zu." - "Doch, doch", sagte sie halbherzig und nahm meine Hand. "Ihr seid hoffnungslos, ihr Männer. Ihr stellt euren Sprachapparat wie ein Maschinengewehr auf und dann geht es los. Als müßtest du ein ganzes Prüfungskollegium niedermähen. Dabei sitzt doch nur eine Frau vor dir." Ich mußte über ihren gelungenen Vergleich lachen. "Ihr Frauen seid auch hoffnungslos. Wenn man schweigt, dann heißt es 'Na los, erzähl doch was, sitz nicht herum wie ein Klotz. Mein Gott, bist du langweilig. Ist es nicht so?"

"Nun, man muß halt in den richtigen Momenten schweigen und in den richtigen Momenten reden." Triumphierend schaute sie mich an.

"Ja, da hast du wohl Recht. Aber wer kann das schon? Ich glaube, das zu lernen, ist verdammt schwierig. Das ist wie mit der richtigen, schlagfertigen Antwort, die einem auch immer erst hinterher einfällt."

Ich hielt immer noch ihre Hand in meiner. Eine schöne, kräftige Hand. Die Finger meiner Rechten glitten über die blonden Härchen ihres Unterarms. Ich schaute ihrem aufregenden Spiel zu - wie sie sich aufstellten, wieder legten, wie eine leichte Gänsehaut entstand und wieder ging. Sie schaute zu und lächelte. Die Zeichnung ihrer Lippen geriet in Bewegung, die Linien flossen ineinander, bildeten Wirbel und Wellen und waren wieder da wie zuvor. Mit dem Finger zeichnete ich die Form ihrer Lippen nach. Ich sah in ihre Augen aus Grau und Grün und Gold und Gelb. Ganz obenauf schwamm das Verlangen. Aber gleich dahinter dehnte sich die Unendlichkeit des Alls, die tiefe, schwarze Unendlichkeit des Alls, wo nur alle Jahrmillionen mal ein Stern aufblitzte. Aber vielleicht waren es ja die goldenen Punkte ihrer Pupillen? Langsam, beglückend langsam neigten wir einander zu und küßten uns.

Es wurde ein endloser Spaziergang. Hinunter zur Alster, am Ufer entlang unter tausend Umarmungen und Küssen. Die Knie wurden weich und weicher, daß wir hätten hinsinken mögen, wäre da nur ein Bett gewesen - oder Menschenleere. Die Bäume, Häuser und Lichter, die Stadt und das Wasser, die schwere Frühlingsluft und das Entenquaken, ihre Augen, der Mund und ihre Zunge, Sterne und Mond, alles wirbelte durcheinander und verschwamm wie in einem schweren Rausch. Als sie endlich den Schlüssel in ein Schloß steckte und umdrehte, hätte ich unmöglich sagen können, an welchem Ende der Stadt ich mich befand.

Sie sagte 'Komm', rannte die Treppen hinauf, schloß in aller Hast die Wohnungstür auf, ließ die Tasche fallen, stürmte weiter in ihr Zimmer, hatte die Jacke schon abgestreift, die Bluse aufgeknöpft, den Rock gelöst und gleichzeitig stiegen wir aus unseren Slips. Endlich konnten wir uns fallen lassen.

Nachdem der erste Sturm vorüber war und wir in der windstillen Zone trieben, leicht und schwer und träge zugleich, uns törichte Worte zuflüsterten, unsere Hände über die Körper glitten, wurde sie plötzlich sehr ernst.

Sie stützte sich auf den Ellenbogen, sah mir in die Augen und streichelte sanft meinen Mund.

”Ich muß dir eine Geschichte erzählen. Es war ein schlimmes Erlebnis. Damals wäre ich beinahe irre geworden an meiner Spontaneität. Richtig verstehen kann ich es heute noch nicht.

Weißt du, dergleichen wie jetzt, das erlebt man so selten und es ist phantastisch, wenn man sich nicht täuscht. Ich glaube einfach nicht, daß man getäuscht wird. Man täuscht sich höchstens selber. Ich begreife jene Frauen nicht, die sagen, daß sie das nicht könnten, daß sie einen Mann erst kennenlernen müßten. Da kann ich nur lachen. Man erkennt sich sofort oder niemals.

Du weißt ja, schon in der Bibel ist von dem 'Erkennen' die Rede, was so viel heißt wie 'sie schliefen miteinander'. Ein schönes Wort. Aber ich muß dann immer daran denken, daß auch ich mich einmal täuschte.

Ich war in der Musikhalle. Die Brandenburgischen Konzerte wurden gespielt, mit dem Scherbaum, den ich über alles liebte. Er sah ein bißchen lächerlich aus. Oder harmlos mit seinem runden Kopf und seinen rosa Bäckchen. Aber wenn er spielte, bekam er einen ganz anderen Ausdruck. Voller Energie und er stand da wie ein Riese. Ja, wirklich.

In der Pause lernte ich einen Typ kennen. Er schaute mich mit einem Blick an, der mir durch und durch ging. Ich weiß nicht mehr, worüber wir redeten, nur noch, daß auch er wegen Scherbaum gekommen war. Es läutete und wir nahmen wieder unsere Plätze ein. Er saß zwei oder drei Reihen vor mir und schaute kurz her, als ich mich setzte.

Und dann wurde das 2. Konzert gespielt. Weißt du, es gibt Musik von Bach, wie das 2. Konzert oder einige seiner Fugen, bei der ich fast einen Orgasmus habe. Als schließlich der Scherbaum die Trompete zu dem wahnsinnigen Solo hob, da hatte ich wirklich einen Orgasmus. Bestimmt deshalb, weil mich dieser Kerl ganz verrückt gemacht hatte. Ich mußte mich ungeheuer beherrschen, um nicht laut hinauszuschreien und zu stöhnen. Trotzdem hatte ich das Gefühl, daß es alle Leute um mich herum bemerkt hatten. Ich schämte mich wahnsinnig und wäre am liebsten auf und davon gerannt. Wenn ich nur gekonnt hätte.

Aber die Musik ging weiter und schleuderte mich aus meinem Sitz, bis ich unter der Decke zu schweben glaubte. Sie drang mir in den Körper bis in die Brustspitzen und tief in den Schoß - ach, du kannst das nicht verstehen. Ich mußte mich kneifen und zwicken, damit es mir nicht noch einmal kam.

Ich bin danach, niemals mehr in ein öffentliches Bachkonzert gegangen. Ich habe mir meine Lieblingssplatten gekauft und hörte sie mir zuhause an, wenn ich ganz allein war.

Irgendwann war das Konzert zu Ende und ich war von meiner Qual erlöst. Wir hatten uns an der Garderobe verabredet. Noch während wir auf meinen Hantel warteten, küßten wir uns schon. Ich glühte und dachte, daß er auch merken würde, was passiert war, daß ich ganz naß war. Aber vielleicht bildete ich mir das nur ein. Endlich hatte ich meinen Mantel und wir konnten hinaus und tief durchatmen und dann lagen wir uns in den Armen. Wir liefen an 'Planten un Bloomen' entlang. Er hatte den Arm um mich gelegt und ich fühlte mich zuhause und geborgen wie nie zuvor. Und ich hatte ein Glücksgefühl wie nie zuvor. Ich hätte sämtliche Klischees, die einen automatisch in den Kopf kommen, hinausschreien mögen und beschwören können, daß sie wahr seien. Man geht wie auf Wolken und das Herz klopft im Hals und die Sterne zwinkern dir zu und die Blätter flüstern nur für dich, du bist ganz besoffen vor Glück und fühlst dich erhaben über alle Menschen, du denkst nicht an morgen und auch nicht an gestern - aber nichts dergleichen habe ich gesagt, denn als angehende Germanistin wußte ich, wie lächerlich das im Jahr des Herrn 1957 geklungen hätte.

Ich hatte die Musik noch in den Ohren und war fasziniert, daß ein Mann, der fast 300 Jahre tot war, das Lebensgefühl eines Menschen in einer anderen Zeit, einer anderen Welt, so genau treffen konnte. Ich fühlte mich stolz und frei, ja befreit von dem Joch der Jahrtausende, niemandem Rechenschaft schuldig außer mir selber. Es war herrlich.

Unten am Stephansplabz wollte sich dann der Typ von mir verabschieden. Das traf mich wie ein kalter Windstoß. Ich hatte ganz selbstverständlich angenommen, daß wir zu mir gingen oder wohin auch immer. Ich hatte seinen Atem schon auf meiner nackten Haut gespürt, die Küsse auf meinem Körper, die Umarmungen und all das. Ich hatte nicht den geringsten Zweifel gehabt.

Es stand einfach fest wie ein Naturgesetz. Ich wollte es mit jeder Faser meines Körpers, bis in meine Haarspitzen, bis in meine grauen Gehirnzellen hinein. Ich weiß auch nicht. So war es jedenfalls.

Es hätte mir zu denken geben sollen, daß er

gehen wollte. Aber ich dachte nicht, ich sagte:
"Ich möchte mit dir schlafen." Aber der wollte
nicht. Erzählte etwas von einer Frau, in die er
wahnsinnig verliebt wäre. Unglücklich verliebt,
weil sie wohl seine Gefühle nicht erwiderte. Was
weiß ich. Ich sagte: "Bitte, diese eine Nacht nur.
Ich muß mit dir schlafen."

Ich weiß nicht, welcher Teufel mich geritten
hatte. Ich sagte das, obwohl ich wußte, daß ich
schon verloren hatte. Vielleicht nur deshalb, weil
es so weh tat. Ich weiß auch nicht, wie oft ich
meine Bitte wiederholte. Es war jedenfalls alles
vergebens. Wir trennten uns und ich ging nach-
hause mit brennender Scham. Ja, im doppelten
Sinne.

Du glaubst gar nicht, wie erniedrigt ich mich
fühlte. Obwohl ich mir immer wieder sagte, daß
es nichts mit mir zu tun hatte, sondern mit die-
ser anderen Frau, und obwohl ich auch gesehen
hatte, wie groß die Versuchung für ihn gewesen
war, und auch seine Trauer hatte ich bemerkt - es
half alles nichts. Ich persönlich hatte eine Nie-
derlage erlitten. Und ich war zutiefst gekränkt.

Komisch nicht, dieser Typ. Nun ja, du weißt
es ja schon, daß dieser Typ, daß du das warst.

Ich war wie vom Donner gerührt als ich dich
dort an dem Brett stehen sah. Es wäre schön ge-

wesen, so dachte ich einen kurzen Augenblick lang, wenn du mich angesehen und in die Arme genommen hättest. Und 'Endlich! oder so etwas gesagt hättest. Ach, romantische Träume. Ich merkte auch gleich, daß du mich gar nicht wiedererkannt hast.

Und dann habe ich dieses Spiel gespielt. Zuerst wollte ich dir nichts erzählen, wollte die Geschichte heroisch für mich behalten. Aber dann dachte ich, daß es für mich und für dich besser wäre, dir alles zu sagen. Es ist ja auch eine verrückte Geschichte oder nicht?

Du warst lieb. Aber die Zeit läßt sich nun einmal nicht zurückdrehen. Es ist sowieso alles zu spät. Damals wäre es für mich wichtig gewesen. Vielleicht auch für dich, das weiß ich nicht. Aber es ist gut so. Und nun sei so lieb und laß mich bitte allein."

1981 Hamburg

Nullösung

Hupend rollt der Bus über den Paseo parallell zum Hafen von Almeria. Eine Fähre und weit hinten noch ein Schiff, das wohl be- oder entladen wurde. Ansonsten lag das große Hafenbecken blau und verlassen da. Dahinter dehnte sich das Meer, noch blauer und noch verlassener.

"Hierher komme ich nie wieder," dachte er. Oder hatte er es laut gesagt?

"Haste vat gesacht?"

"Neee."

"Haste dir die Pässe geben lassen?"

"Na klar. Die hast du doch."

"Wieso icke?"

"Nu nerv doch nich. Ich habe sie dir gegeben, als wir aus dem Hotel gekommen sind, und du hast sie in deine Tasche gesteckt."

"Nee, ja doch, du hast Recht. Entschuldigung."

Ich komme einfach nicht dazu, mal in Ruhe einen Gedanken zu fassen. Ist eh schon schwer genug. Ob es überhaupt nur noch einen Gedanken gibt, der noch nicht gedacht worden ist? Bei genauer Untersuchung würde sich wahrscheinlich herausstellten, dass wir die Epigonen, der Epigonen, der Epigonen sind.

Quält sich ganz schön, der Bus. Ist ja auch

ziemlich steil. Liegt wohl in den letzten Zügen. Eine Hitze – jetzt am frühen Morgen. Gleich müssen wir aussteigen und schieben. Wird aber nichts nützen. Wir sind zu wenige. Mit einem abschließenden Huster und Rülpser hat er es geschafft. Rechts steile Felswände, links geht es steil zum Meer hinunter.

Ich hab' schlechte Laune, das ist alles. Geht mir alles auf den Keks. Das Meer, der Himmel, die ewige Sonne. Deswegen mochte ich wohl auch die Stadt nicht. Weil ich nicht zum Nachdenken und nicht zum Arbeiten komme. Ist ja ganz schön, ein Weib dabei zu haben, aber es nervt auch. Weil sie immer in action sein muss. Ich muss den Alleinunterhalter spielen. Na ja, sie hat ja auch das Leben noch vor sich. Und ich bald hinter mir. Scheiße, bloß nicht daran denken. Sonst wird die Laune noch schlechter. Wenn sie erst einmal 'ne richtige Arbeit hat, dann wird sie mir auch nicht immer am Hals hängen.

Was der bergauf verloren hat, will er wohl bergab wieder einholen. Brettert wie ein Besoffener die Serpentinen hinunter. Einem wird ganz schlecht, wenn man den Steilhang hinunter zum Meer anschaut. Hoffentlich merkt sie nichts, sonst kriegt sie sich nicht mehr ein. Aber sie ist noch ein bisschen duhn von gestern abend.

War ziemlich spät, schätze ich. Aber hat ja keinen Sinn, vor drei ins Bett zu gehen. Die Spanier kommen erst um 23 Uhr in die Gänge und dann wird es so laut, dass man kein Auge zumachen kann. Vor allem diese Scheißmopeds und Motorräder. Ätzend. Rätselhaft, wie die Leute hier jemals ausgeschlafen sein können.

Der Bus hatte die Serpentinen-Höllenfahrt hinter sich. Er musste abbremsen, als er die erste Ortschaft erreichte. Bettenburgen, kilometerweit, kilometerhoch. Er stellte sich die hundert Betten übereinander vor.

"Ob es wohl eine Vorschrift gibt, das nicht alle gleichzeitig vögeln dürfen?"

"Wie meinst denn det?"

"Na schau dir das doch mal an. Alle die Zimmer übereinander. Alles am selben Platz. Das Bad, die Kloschüssel und natürlich auch die Betten. Wenn alles belegt ist und zufällig alle gleichzeitig vögeln, könnte so ein Schuppen zusammen brechen. Das ist doch wie bei einer Brücke. Da ist es auch verboten, dass alle im Gleichschritt drüberlaufen."

"Echt? Wieso denn?"

"Na, weil sie sonst zusammenbricht. Durch die gleichmäßigen Schwingungen. Soldaten zum Beispiel. Wenn die im Gleichschritt drüber marschieren, dann bricht alles zusammen."

"Doof. Vögeln ist doch nicht wie im Gleichschritt marschieren. Außerdem vögeln nicht alle so viel wie du."

"Ja, ja, ich wieder. Wer will den immer, das bist doch du?"

"Willst 'de Zoff?"

"Das war doch nur ein Gag. Nimm' doch nicht alles immer gleich so tierisch ernst."

Sieht aus wie Salt Lake City. War zwar noch nie dort, aber so ähnlich stelle ich es mir vor. Jedenfalls sieht das Plastikmeer wie ein Salzsee aus. Wie das glitzert – es blendet richtig. Achja, El Ejido, die berühmten Treibhäuser. Tomaten, Paprika und was weiß ich für Gemüse. Melonen. Laden sie dort gerade auf. Dem Christo sein Herz würde höher schlagen. Meins nicht. Eher tiefer. Sieht ja auch beschissen aus. Selbst rechts den Berg hinauf. Bis es nicht mehr geht. Da drüber die Gesteinsmassen und Felsen und Berge. Alles kahl. Kein Baum, kein Strauch. Nur sengende Hitze.

Sicher ist es nicht so blöde. Den Boden vor dem Austrocknen zu bewahren. Das Zeug würde ja sonst verbrennen. Wird wahrscheinlich hier schneller reif, als anderswo.

Die Straße wird wieder zwischen Berg und

Wasser eingequetscht. Ziemlich dichter Verkehr. Soll ja die befahrendste Piste Europas sein. Vor zwanzig Jahren war das hier die reinste Steppe. Jedenfalls war es billiger als jetzt. Fast teurer als bei uns.

"Was ist denn das für ein Kaff?"

Der Bus biegt auf einen Platz ein und schiebt sich langsam durch die Menge der Menschen. Wie überall im Süden Spaniens säumen Palmen, Olivenbäume und Oleander und Steineichen den Platz. In der Mitte steht ein Pavillon und dort spielt eine Kapelle. Der Platz und die Häuser drumherum sind mit Fähnchen und Girlanden und bunten Lämpchen geschmückt. Buden sind aufgeschlagen, es wird gegessen und getrunken und getanzt. Der Bus hält.

"Hier ist ja richtig was los. Vielleicht 'ne Kirmes oder so was."

"Kann schon sein."

Einige Aussteigende werden von Freunden, Bekannten, Verwandten begrüßt mit Hallo, werden umarmt und abgeknutscht. Die Musik ist laut und volkstümlich. Die Menschen sind von den ersten Gläsern Wein und Bier schon etwas aufgekratzt. Die Augen der jungen Mädchen und Kerle leuchten erwartungsvoll. Freut euch nicht zu früh, Jungs. Es passiert bestimmt nichts.

Zum Schutz des heiligen Hymen stehen Mama, Papa, Brüder, Schwestern, alle Verwandten und Pfaffen und Heilige bereit. Ein bisschen rumfingern und rumknutschen, wenn's hochkommt, aber mehr ist nicht drin.

Die automatischen Türen schließen sich, der Fahrer hupt und der Bus setzt sich wieder in Bewegung. Ganz sachte schiebt er sich zur Hauptstraße vor.

"Eigentlich wäre ich hier ganz gerne mal ausgestiegen." Oh, du meine Güte, ich glaub', ich hab' schon wieder was Falsches gesagt.

"So? DU wärst gerne ausgestiegen. Und ich? Ich hätte alleine nach MALAGA fahren sollen oder wie?"

"Nein, so meinte ich das doch nicht. Ich meine, wenn ich alleine gewesen wäre, dann wäre ich hier ausgestiegen." Oh Gott, noch schlimmer. Er wusste schon, was kommt.

"Alleine, alleine, du redest von nischt anderem. Dann steig doch schon aus. Halt ihn an und steig aus. Hast wohl wieder 'nen Rock gesehen oder?"

"Ach dummes Zeug."

"Du spielst wieder den Harmlosen. Meinst 'de, ich hab's nicht gesehen? Die Schwarze, die so gegeiert hat?"

"Welche Schwarze, da waren viele Schwarze."

"Tu doch nicht so. Die mit den großen Titten mein' ich. Da stehst 'de doch druff."

"Ick steh doch nur auf dir, das weißt du doch, Liebling."

"Komm', red' keinen Scheiß. Steig doch schon aus. Hältst es ja nicht mehr aus mit mir."

"Geht doch nicht. Selbst wenn ich wollte, ginge es nicht. Du weißt doch selber, dass wir schon viel zu viel Knete ausgegeben haben. Es wird noch teurer, wenn sich jeder auf eigene Faust durchschlagen muss."

"Ich schlag mich schon durch, da brauchst du dir keine Sorgen machen."

"Das glaub' ich."

"Was meinst denn damit schon wieder?"

"Nichts. Nur das, was ich sage."

"Ich weiß schon, was du denkst. Dass ich mich an die nächste Ecke stelle und die Beine breit mache."

"Na das kannst du doch ganz gut. Kommt ein bisschen Knete in die Kasse."

"Du Arsch. Ich weiß schon, dass du das von mir denkst."

"Quatsch. Ich wollte doch bloß sagen, dass man spontaner ist, wenn man allein reist."

"Allein, allein, das hör' ich dauernd von dir.

Ich hab' s schon mal gesagt, steig doch aus. Warum hast 'de mich denn überhaupt mitgenommen? Wenn du doch lieber alleine bist?"

"Ach du verstehst nicht. Es ist ja auch gut, dass du dabei bist. Aber arbeiten kann man nun mal besser, wenn man allein ist. Das ist nun mal ein Fakt."

"Also ich bin Schuld, wenn dir nichts einfällt. Hör mir doch bloß uff. Wenn du senil wirst, bin ick Schuld. Mir reicht's. Wenn du nicht aussteigst, dann steig' ich halt aus. Ich brauch' deine Knete nicht."

Sie greift nach ihrer Tasche am Boden. Einmal, zweimal, schaut unter den Sitz, nach rechts, nach links. "Ich brauch' sie doch."

"Was denn?"

"Na deine Knete."

"Wieso denn?"

"Weil die Tasche weg ist ... mit dem Geld und den Pässen, die du mir gegeben hast."

"Machst du Witze?"

Aber es war kein Witz. Die Tasche war und blieb verschwunden. Ihr Zoff löste sich in einem fast hysterischen Gelächter auf.

"Sag' ich doch, ein Scheißland. Hier fahren wir nie wieder her. Aber erst mal müssen wir sehen, wie wir hier wieder rauskommen." Und

überhaupt fahre ich das nächste Mal wieder lie-
ber allein. Aber das dachte er diesmal nur leise.

1984 Hamburg

141

Ivösjön

Über den Öresund kommen und hinein nach Schweden. Ich kenne keine Grenze weder in Europa noch sonstwo, die zu überschreiten mir so ein sicheres Gefühl gibt, den bundesrepublikanischen Mief hinter mir zu haben. Ich sehe die ersten Häuser und Scheunen in ihrem Dalarna-Kupferrot und ich könnte heulen vor Glück. Es ist eine endlose Liebesgeschichte. Schonen, die südlichste Provinz Schwedens, so sagt man, sei Dänemark zum Verwechseln ähnlich. Nur Tölpel können so etwas behaupten. Alles, was in Dänemark klein und niedlich und so putzig ist, das ist die Niedlichkeit eines Backfisches mit Babyspeck, und das ist in Schweden die Reife einer schönen, selbstbewussten Frau.

Mein Ziel ist der Ivösjön, Schonens größter See und der merkwürdigste in ganz Schweden an der Grenze zur kleinen Provinz Blekinge. Kommt man von Süden, kann man sich ihm auf drei Wegen nähern. Von Malmö auf kürzestem Weg auf der Autobahn nach Kristianstad und Ivösjön. Die zweite reizvolle Möglichkeit ist der Weg an der Küste entlang über Trelleborg, Ystad (Heimat des Dedektivs Wallander!), mit langen Sandstränden und Dünen und kleinen Häfen.

Landeinwärts liegen viele der schönen Schlösser, für die Schonen berühmt ist und berüchtigt war: Dybäck, Marsvinsholm, Högestad, Tosterup, Häckeberga, Sövdeborg, Kronovall, vorbei an den zahllosen, von alten Bäumen umgebenen Herrenhäusern, vorbei an reichen Gehöften mit ihren weitläufigen Stallungen und Schobern, entlang ungeheurer Weizen- und Zuckerrübenfelder, an idyllischen kleinen Seen und Bächen vorbei, eine Landschaft wie ein Park, nur viel schöner als ein Park.

In dem reizvollen Kivik am Meer, von riesigen Apfelplantagen umgeben, ist es dann nur ein Katzensprung nach Haväng, die schönste Wanderherberge ganz Schwedens. Ein alter von vier reetgedeckten Gebäuden umgebener Innenhof mit Katzenköpfen liegt hinter hohen Dünen, die mit Buchen befestigt wurden und auf ihrem höchsten Punkt ein Wikingergrab haben. Zwischen Erlen mündet dort ein Bach ins Meer, das dort mit einem endlosen weißen Sanband bekränzt ist.

Am Bach landeinwärts wandernd, kann man an der Landschaft irre werden. Neben dem Bach schmale fette Kuhweiden, aber links und rechts erheben sich karg bewachsene, sandige Hügel, auf denen Schafe weiden, hier und dort ein Ginsterbusch oder eine Orchidee. Und zwischen den Hügeln steht die Hitze und du könntest schwören, dass du tief in der Provence bist. Erst viel später erfuhren wir, dass die Landschaft Brösarps Backar in Österlen als Schwedische Provence bekannt ist.

Von Haväng geht es weiter über das mittelalterliche Städtchen Åhus, Rinkaby, Trolle-Ljungby mit seinem reizenden Wasserschloss nach Kiaby, wo eine sorgfältig restaurierte Kirche aus dem 12. Jahrhundert steht. Zwei Kilometer weiter blickt man links und rechts auf Wasser. Ein schmaler Landstreifen zwischen dem Opmannasjön und dem Ivösjön, an dessen schmalster Stelle Mönche im 12. Jahrhundert ein Kloster aus rotem Backstein bauten, das Karl der XV im vorigen Jahrhundert zu einem Jagdschloss umgestalten ließ. Heute befindet sich ein Museum, ein Hotel mit Restaurant mit vorzüglicher Küche und humanen Preisen darin. Von hier aus lässt sich eine schöne Wanderung zum Kjugekull machen, ein 66 m hoher Hügel mit vielen Grabsteinen, von dem aus man einen guten Blick auf den südlichen Ivösjön mit der Insel Ivön hat.

Doch seinen eigentlichen Charakter zeigt der See erst 5 km weiter am Aussichts -Punkt längs der Straße nach Vånga. Hier, an der Ostseite des Bergrückens, der die endlosen Obstplantagen vor den Ost- und Nordwinden schützt, überschaut man aus 50 m Höhe den See in seiner ganzen Breite von 8 km. Die Höhen um ihn herum sind mit Buchen bedeckt, auch der 140 m hohe Ivöklack gegenüber auf der Insel, ihre höchste Erhebung. Kleine Inseln und Holme unterbrechen die Wasserfläche, winzige Buchten, Landfinger, große Felsblöcke und Schilffelder wechseln an den Ufern ab. Nur nach Norden zu sind einzelne Häuser und Höfe zu sehen, inmitten von Obstplantagen, Feldern und Weiden, die sich bis zum Seeufer hinunterziehen. Ansonsten scheint die Landschaft menschenleer zu sein und man merkt, dass hier die Landschaft sich verändert hat. Sie ist herber geworden. Schonen ist eigentlich hier schon zu Ende – das wirkliche Schweden hat hier schon begonnen.

Hier an den Ufern des Ivösjön liegt eines der frühen Zentren schwedischer Kultur. Die "Fischerin von Barum" ist das älteste vollständig erhaltene Skelett Schwedens – fast 10 000 Jahre alt. Gudahagen bei Näsum am Nordufer ist ein gewaltiger Kultplatz aus der Eisenzeit mit 60 erhaltenen Steinen.

An der Ostseite lebte ein mächtiger Wikinger-König, der mit seinen Männern in der Normandie eine Kolonie gründete. Ortsnamen wie Ivetofta und Klagstorp wurden dort zu Yvetot und Calxtorp, wie der bekannte und beliebte Verfasser Edvin Salje herausgefunden hat, den ich noch kurz vor seinem Tod interviewen konnte.

Im 12. Jahrhundert erhält die Insel im See durch den mächtigen Erzbischof Andreas Sunesen von Lund Bedeutung, der 1202 in der Domkirche von Lund Waldemar Sejt zum dänischen König gekrönt hatte und sodann die Insel Ivö zu seinem Alterssitz machte. Im 17. Jahrhundert tobten hier besonders heftig die Kämpfe zwischen den Schonen-Separatisten, den Schnapphähnen und den schwedischen Regierungstruppen.

Im 18. Jahrhundert besuchte Linné Bäckaskog und war begeistert von der Flora dieser Landschaft und stellte fest, dass sich der Boden an der See-Nordseite am besten für den Hopfenanbau eignete. Anfang 2000 erneuerten drei Frauen ein heruntergekommenes Hopfen-Trocken-Gebäude, bauten einen ha mit Hopfen an und ließen von einer kleinen Brauerei das einzige rein schwedische Bier brauen.

In der 2. Hälfte des 19. Jahrhunderts wird infolge einer schweren Hungersnot die Acker-

baubläche am See vergrößert durch Absenkung
seines Wasserspiegels um 1,70 m und Verrin-
gerung seiner Fläche um 15%. Zur selben Zeit
baut Måns Jönsson die erste Fabrik in Vånga und
wird von August Strindberg im "Roten Zimmer"
als Olle Montanus verewigt.

Zu Beginn des 20. Jahrhunderts wird in Bro-
mölla am Südostufer des Sees eine der bedeu-
tendsten feinkeramischen Industrien Schwedens
errichtet. Ihren Rohstoff bezog sie von der Insel
gegenüber aus dem Kaolin-Bergwerk, das bis
1958 in Betrieb war. Weithin sichtbares Über-
bleibsel ist die weiße Kalkwand an der Nord-
spitze der Insel.

Das Kaolin hat aber nach wie vor seine Bedeu-
tung erhalten – nicht für die Industrie, sondern
für den See selbst. Es ist dieser starke Kalkpuf-
fer, der das Umkippen des 50 Quadratkilome-
ter großen und bis 50 m tiefen Sees verhindert,
während tausende Seen in Schweden wegen des
sauren Regens mit Flugzeugen künstlich gekalkt
werden müssen. Das hat sich erst gebessert, als
die deutsche Industrie ihre Dreckluft reinigte
und die Schornsteine verkürzte. Ein Glück für
den großen Reichtum der Fauna in diesem Ge-
wässer. 25 Arten von Fischen und ebenso viele
Arten von Plankton stehen hier in einem ausge-

wogenen Öko-Gleichgewicht, darunter Krebstierchen, die schon zur Eiszeit lebten und ein in der Tiefe lebendes Kriechtierchen, das in der Welt nur noch einmal und zwar in Jugoslawien vorkommt.

Obwohl ich weiß, dass Angeln nicht gerade tierliebend ist, konnte ich es nicht mir versagen, meinen ersten Gang zu Harry Nilsson zu machen, um mir für ein paar Mark eine Fischkarte zu kaufen, was in Deutschland fast unerschwinglich war. Und meine Familie und ich aßen gerne Fische, zumal wir sie über dem Feuer so schön knusprig braten konnten.

Ich freundete mich auch mit den zwei Brüdern Sven und Brodde Almer an. Sven hatte die größte Obstplantage mit zahlreichen Kirsch-, Apfel-, Birnen und Pflaumensorten Nordeuropas und Brodde war Fischerei- und Wasseringenieur, dem es gelang, die Flüsse Südschwedens so zu säubern, dass sogar die Lachse in sie zurückkehrten. Und Brodde erlangte sogar Berühmtheit, weil er vor Jahren an der Spitze einer Bürgerinitiative stand, die den Bau eines gewaltigen Pumpstauwerks schließlich verhindern konnte, das mit Sicherheit die einmalige Flora und Fauna des Sees vernichtet hätte.

Aber der Ivösjön hat noch viel mehr zu bieten.

Seit einigen Jahren nistet im See auf einem Holm wieder ein Seeadler-Pärchen. Man kann Reiher, Seeschwalben, Möwen und Haubentaucher, Wildgänse beobachten. Und wenn man Glück hat, sieht man auch ab und zu einen Elch. Nicht zu vergessen das Baden in dem sauberen Wasser und die Wanderungen, zu dem die mit Buchen bestandenen Höhenzüge im Osten und Norden einladen. Zudem findet man in den Wäldern reichlich Beeren und Pilze.

Lohnend ist auch eine kleine Fahrt mit der Fähre von Barum zur Insel. Die Süd-Hälfte wird landwirtschaftlich intensiv genutzt, während die nördliche Hälfte auch mit Buchen bewaldet ist. An der Nordseite im Schatten uralter Bäume zu wandern, ist unvergesslich. Dort hat eine Laune der Natur ungeheure Felsen und Quader zu gewaltigen Mauern und Türmen zusammengefügt. Und wer den steilen Weg nicht scheut, klettert hinauf zum Ivöklack, der einzige Punkt, von dem aus man die ganze Insel und den ganzen See überblicken kann.

Ich stehe dort oben und fühle mich außer der Welt und doch mitten in ihr. Aber unvorstellbar ist es, dass ich nur eine knappe Tagesreise von Hamburg entfernt bin.

Hamburg 26. Oktober 1985

Die Katzen-Spinne

Zerstreut schaute ich auf die weit geöffnete Hof-
türe, auf deren weißer Fläche sich ab und zu
Stuben- oder Schmeißfliegen niederließen. Weit
südlich des Äquators saß ich am Schreibtisch
und kam nicht weiter im Text. An sich war es
nicht sonderlich heiß, aber subjektiv empfand
man, der großen Luftfeuchtigkeit wegen, die
30° C als unerträglich.

Nun, ich schaute zerstreut den Fliegen zu,
drehte und wendete die Wörter, die alle nicht
passten, bemerkte das Auftauchen einer Spinne,
schrieb einen Satz und strich ihn wieder durch,
sah die Spinne einen Satz machen, der keinen
Fang einbrachte. Aber plötzlich wurde meine
Aufmerksamkeit gefesselt. Die kleine Wolfsspin-
ne hatte auf der anderen Seite der Türe eine gro-
ße Fliege entdeckt. Sie duckte sich gleich weg,
rannte auf der Kante hinunter, auf der unteren
Kante entlang, bis zur Seite mit der Tür-Schar-
niere, auf der sie wieder hochflitzte. Ich konnte
sie nur ab und zu sehen, wenn sie ganz vorsich-
tig über die Kante schielte, um zu sehen, ob ihr
presumptives Opfer noch da war.

Ich rückte meinen Stuhl näher bis hart an den
Schattenrand. Die schwarz-weiß-grau gezeich-

nete Wolfsspinne, etwa von der Größe eines kleinen Gurkenkernes, hatte die Koordinaten vom Standort der Fliege akkurat gespeichert und brauchte nicht mehr zu checken, um genau im Rücken der Schmeißfliege aufzutauchen. Und da wird sie zur Katzen-Spinne, die sich so platt wie möglich machte, und vorsichtig, vorsichtig sich an die Spinne ranrobbte. So wie eine Katze sich an einen Vogel ranschleicht. Nicht wie ein Wolf, der sein Opfer zu Tode hetzt. Wenn die Fliege sich eine Idee bewegte, korrigierte die Spinne sofort ihre Position, um immer ganz exakt im Rücken der Fliege zu sein.

Ja, sie schleicht. Warum? Könnte die Fliege das Getrampel der 8 Füße der Spinne denn hören, wenn sie angerannt käme? Weiß der Kuckuck. Das wird ein Kampf wie zwischen David und Goliath. Wie will diese kleine Spinne die Fliege erwischen, die mindestens um das 8- oder 10-fache größer ist? Jedenfalls macht sie den Versuch.

Jetzt sind es nur noch 10 cm, die sie von der Fliege trennen, für sie immer noch eine gigantische Entfernung. Nun bewegt sich die Fliege, will sie abfliegen? Da springt die Spinne fast 10 cm und sitzt der Fliege im Nacken und beißt zu. Die Fliege brummt los. Ende der Vorstellung. Space-shuttle. Welch grausiger Gedanke. Im

Flug ausgesaugt zu werden, bis sie irgendwann erschöpft zu Boden sinkt.

Aber was denn nun? Fliege und Spinne huckepack beschreiben einen Halbkreis wie im Sessel eines altmodischen Kirmes-Karusells und kommen gemeinsam zu ihrem Ausgangspunkt zurück. Die Wolfsspinne hat vor ihrem Absprung in weiser Voraussicht ihren Faden an der Tür befestigt und ihn nach der Landung auf dem Rücken der Fliege wieder eingeholt. Und nun zappelt die Fliege heftig, aber schon umwickelt der David seinen Goliath mit einem unzerreißbaren Faden und die Bewegungen der Fliege werden rasch matter und matter. Danach verschwindet sie mit dem Riesenpaket um die Ecke.

Jetzt erst atme ich tief durch. Dieser Kampf hat mich mehr gefesselt als jedes von Menschen veranstaltete Schauspiel, sei es Corrida oder Hahnenkampf, bei denen der Mensch doch immer mit gezinkten Karten spielt.

Ich rücke meinen Stuhl zurück an den Schreibtisch und habe mein Bild für das, was dem Riesen Afrika vor ein paar hundert Jahren durch den europäischen David zugestoßen ist.

Hamburg, den 4. September 1987

Ein Mann verlässt den Zug und macht kehrt

Das Beben des großen Krieges, der noch nicht lange zurücklag, schien auf der kleinen Bahnstation nachzuwirken. In unbegreiflichem Chaos drängten und schoben die Menschen einander hin und her, Koffer und Kisten und Säcke auf Kopf und Schultern, manche zu zweit schwere Lasten schleppend, pufften und stießen sie sich, laut fluchend und schimpfend, drängten vor und zurück und quer, bauten ihre Habseligkeiten hier auf, um sie dann ein Stück weiter zu schieben, mit strengen Augen sie bewachend. Hier schrie einer nach der Frau, dort rief einer den Freund, hier fauchte eine Mutter ihr Kind an, dort gerieten Wildfremde aneinander und sagten sich, was einfach gesagt werden musste.

Zu lange wartete man schon auf diesen gottverdammten Zug, angekündigt, verspätet, wieder angekündigt und nochmals wurde man hingehalten, als hätte man nichts Besseres zu tun, als auf einem zugigen Perron zu stehen, wo es noch gar zu nieseln begann, Anfang November, der mit ungewöhnlicher Kälte eingesetzt hatte. Inmitten des Gestanks von Schweiß, feuchtklammen Kleidungsstücken, schlechtem Tabak, hungrigem Atem und faulen Fürzen. Die Frauen zurrten ihre Kopftücher fester, die Männer schlugen den Kragen ihrer fadenscheinigen Mäntel hoch und traten ungeduldig von einem Bein aufs andere.

Jetzt schwoll das Stimmengewirr noch mächtiger an, zu einer großen Blase, die über das Bahnhofsvordach hinausquoll, aber vom Regen wieder hineingedrückt wurde. Der Zug kommt! Er kommt. Tatsächlich. Jetzt war die dunkle Dampfwolke deutlich zu sehen, man bückte sich nach den Taschen zwischen den Füßen, packte fester die Koffer und Säcke, das Gewoge wurde stärker, obwohl der Zug noch gar nicht eingefahren war, aber gleich würde er einlaufen und dann gilt es, dann muss man eine Türe erreichen, jawohl, koste es, was es wolle.

Keuchend und spuckend läuft der Zug ein, das Gewoge wird heftiger – wie ein brodelnder Suppentopf, der gleich seinen Inhalt auf die Gleise verschütten wird. Drohend pfeift es, gellend, die Bremsen greifen und quietschen ohrenbetäubend. Noch steht der Zug nicht, da hängen schon wagemutige junge Kerle an den Türen, schreien ihren Kumpanen und Angehörigen zu: Hierher! Hierher!

Endlich bleibt der Zug mit einem Ruck stehen. Ruß und Rauch und Dampf mischen sich mit dem Keuchen und Schreien der Menge, verstärkt durch das der Menschen im Zug, die hinauswollen, aber behindert werden von denen, die rein wollen. Jeder Herausdrängende eröffnet die Chance, der Tür näher zu rücken, den Türgriff zu erhaschen oder sonst einen Halt, von dem aus das Gefecht besser zu führen ist. Es wird nicht gespart an Flüchen, Beschimpfungen und Beleidigungen, es wird getreten und zurückgetreten, Ellbogen werden ausgefahren, der Schweiß rinnt in Strömen. Niedertracht und Bosheit kämpfen mit allen Mitteln um einen Platz im Zug, der ungeduldig zischend auf das Abfahrtssignal wartet.

Es ist so weit. Bahnhofsvorsteher und Schaffner schreien: Zurückbleiben! Der Zug ist besetzt! Zurückbleiben! Sie rennen hin und her, um Menschen zurückzureißen und die Türen zu schließen. Der Pfiff ertönt, die Lokomotive antwortet, ein Zittern läuft durch den Zug, er ruckt, nochmal, er fährt, er fährt, tatsächlich fährt er.

Ein Seufzer der Erleichterung geht durch das Abteil, als sollte das heißen: So, nun kann man wieder ein bisschen Mensch sein. Die untere Hälfte des Fensters war mit Brettern vernagelt, nur das Schiebefenster hing intakt, wenn auch wackelig und verschmutzt an seinem Lederriemen.

Durch diese Scheibe sah der junge Mann, eingekeilt zwischen den Reihen Sitzender, die junge Frau draußen mit einem Kind an der Hand und einem Bauch, der ihr dünnes Mäntelchen zu sprengen drohte. Und für Sekunden begegnete er ihrem Blick. Ein Blick, so schmerzhaft verloren und fassungslos, der ihn durchbohrte. Dieser Blick drang ihm ins Herz und trieb ihm die Röte ins Gesicht: Halt! Halt!

"Was? Wie? Endlich fährt der Zug und jetzt soll er schon wieder halten? Bist du bei Trost?"

"Die Frau, sie ist schwanger, sie kann meinen Platz haben," stöhnte der junge Mann und es war ein Stöhnen, denn ihm wurde bewusst, dass der Zug fuhr und sein Bemühen vergeblich wäre. "Schwanger war sie."

Höhnisches Gelächter und eine junge, freche Stimme. "Hat sie einen Reiter gefunden, findet sie auch einen Gaul, um nachhause zu kommen. Willst wohl Kavalier spielen, was?"

Schmerz- und wuterfüllt fuhr der junge Mann herum und stieß gegen seinen Nachbarn, ein breitschultriger Bauer, der sich gleich ihm an einem Bügel, der von der Decke hing, festhielt. Hinter ihm eine Frau und noch eine und dort hinten an der Tür sah er ganz kurz einen Lockenkopf, ein Pickelgesicht mit einem breiten Grinsen. "Du Dreckspatz da hinten, schämen solltest du dich!" - "Höh, höh, vor dir Klugscheißer wohl. Komm doch her, wenn du was willst!"

"Na, na," brummte der Bauer, wobei niemand wusste, ob es dem Schreier galt oder dem jungen Mann, der eine heftige Bewegung machte, als wollte er losstürzen. Aber er besann sich und schwieg.

Die Luft war im Nu stickig geworden und all die Gerüche, die schon auf dem zugigen Bahnsteig unerträglich gewesen waren, verdichteten sich hier zu einem Nebel, der wie Beize in Nase und Augen drang. Fünfzehn Personen, nicht die zwei, drei Gören gerechnet, mitsamt ihrem Gepäck in einem Abteil, das normalerweise höchstens acht Leute fasste. Und durch die offene Tür sah man draußen im Gang die Menschen ebenso dicht gedrängt stehen und vor sich hinstieren.

– Diese Augen, dieses Grau, so grau wie diese Landschaft, bitter wie der Geschmack gebrannter Eicheln. Nie mehr werde ich diesen Blick vergessen können. Ach und ich brauche mir nicht besser vorkommen als der Kerl dort hinten. Wir sind doch alle wie Bestien. Habe ich nicht auch geboxt und getreten wie alle anderen? Warum habe ich sie nicht vorher gesehen? Wollte ich sie vieleicht gar nicht sehen? Warum schaute sie gerade mich an?

– Die jungen Leute heute, ein Benehmen haben die, das hätt's früher nicht gegeben, beim Adolf – Gottstehmirbei, gut, dass ich's nur g'dacht hab', dass ich nicht geredd' hab'. Heiliger Gottseibeiuns, du Dämel, hüte deine Zunge, halt's Maul am besten und kümmer' dich um deinen Dreck, da hast g'rad g'nug zu tun. Misch' dich net ein in Dinge, die dich nix angeh'n, dann verbrennst du dir auch nicht das Maul. -

– Recht so, der hat's ihm gegeben. Ist ja auch wirklich eine Schande, dass man eine schwangere Frau da im Regen und Wind stehen lässt. Der Bahnhofvorsteher hätte doch eingreifen müssen. Der hätte dafür sorgen müssen, dass sie noch einen Platz bekommt, jawohl. Wären wir halt alle noch ein bisschen zusammengerückt, das wär' schon gegangen. -

– Mama, wann sind wir zuhause? - Bald, Kind, bald. - Mama, ich hab' Hunger. - Daheim kocht Mama eine gute Suppe, ja? - Aber ich hab' jetzt Hunger, Mama. -

– Dieses stinkende Pack, so weit ist es gekommen, dass unsereins sich mit sowas gemein machen muss. Zweiter Klasse, peh! Gut, dass ich den Gustav dabei hatte,, sonst hätte ich mich auch noch prügeln müssen. Gute Seele, das. Das fragt nicht, sondern drauf und rein ins Gewühl und durch. Hah, hah. Der hat ein paar Stöße und Püffe ausgeteilt. Wenn nur die Amis mir keinen Strich durch die Rechnung machen. Aber die brauchen mich ja. Unser Holz brauchen sie. Das haben die Nazis auch braucht. Ich werd' ihn einladen zur Jagd, diesen Major oder General oder was er ist.

Ju laik paff-paff? Da sagt der nicht nein. Ich kenn' doch meine Pappenheimer. Wenn man nur dieses Kauderwelsch verstehn'n würd', was die sprechen. Ihrem Dolmetsch, dem trau' ich nicht. Bestimmt so ein verkappter Roter. Glaub' beinahe, dass es ein Deutscher ist. Vaterlandsverräter. "Heh, Sie da, geben Sie mal acht, wo Sie hintreten, junger Mann!!" - "Dann behalten Sie halt Ihre Füße bei sich. Sie sind hier nicht in der 1. Klasse."

– Recht hat er. Gott sei's geklagt. Die 1. Klasse, da sitzen jetzt die Amis drin. Auch wenn keiner drin sitzt. Wir kommen dort nicht rein. Ob sie überhaupt hier 1. Klasse mitführen? Auch so'n Roter. Der hätte doch glatt den Zug angehalten, wenn's nach ihm gegange' wär', um so 'ne Schlampe mitzunehmen. Gefällt mir nicht der

Kerl. In meinen Betrieb käme mir der nicht rein, so viel steht fest. Wenn ich nur jemand mit soliden Englisch-Kenntnissen fänd'! Etwas Verlässliches! Dem man über den Weg trauen könnte. Nicht so einen abgerissenen Kerl mit Flausen im Kopp, wie der hier. Der einem dauernd auf den Füßen steht. Aus purem Neid natürlich, Kommunist der. Riecht mach doch schon. Wo die nur alle herkommen, auf einmal. -

– Mama, wann sind wir zuhause? - Gleich, mein Junge, gleich sind wir da! - Wann ist gleich, Mama? Ich hab' Hunger, Mama. -

– Hat sie mich denn überhaupt gesehen? Hinter dieser schmutzigen Scheibe? Doch, doch, sie hat mir geradewegs in die Augen geschaut. Vorwurfsvoll, als sei ich Schuld. Hab ich auch. Was wird sie nur tun? Dort auf dem Bahnsteig. Das Kind holt sich den Tod. Und diese junge Mutter mit ihrem dünnen, armseligen Mäntelchen. Wo wollten sie nur hin? Zu ihrem Mann? Aber sie sah aus, als hätte sie ihren Mann verloren. Als hätte sie kein richtiges Zuhause. Wie so viele, die der Sturm entwurzelt hat und durch das Land treibt. Dieses Land, Deutschland. Das einmal Deutschland gewesen ist, vor langer, langer Zeit. Ob sie wohl eine Mutter ist, eine wahre Mutter? -

– Wo hält der Zug denn nun schon wieder?

Niedereschenbach ist das wohl. Es kommt ja doch keiner mehr rein hier. Warum hält er dann? Vielleicht will hier jemand raus? Jaja, da will jemand raus. -

– Warum bin ich nur zu der gefahren! Hätte ich mir doch denken können. Die Emma hat schon immer ein hartes Herz gehabt. Dass sie mir überhaupt einen Teller warmer Suppe hingestellt hat, das geizige Luder das! So sind sie alle. Je mehr sie haben, umso mehr jammern sie. Als wäre sie ausgebombt worden, als müsste sie in einem kleinen Loch zu fünft zur Miete wohnen. Sitzt auf ihrem Hof und hat alles. Nicht ein Kleid, nicht einen Rock, nichts. Ein Stück trocken Brot und drei Eier für die Kleinen, die 'armen Kleinen' und ein paar Tränen hat sie rausgequetscht, die Heuchlerin. Gott soll sie strafen. Sie weiß nicht, wie es ist, Mutter zu sein. Das ist es. Das hat sie nie verwunden, dass sie keine Kinder hat. Aber trotzdem, der eigenen Schwester, vom eigenen Fleisch und Blut nichts zu geben. Das zeigt, dass sie kein Herz hat! Hätt ich ihr die Eier nur an den Kopf geworfen! Nie mehr setz' ich den Fuß über ihre Schwelle nimmer. Lieber betteln auf der Straße bei Fremden, als bei der eigenen Verwandtschaft. Eine Suppe werd' ich kochen von dem Brot, vielleicht ist ja noch ein

Stück Runkelrübe da. Und die Eier werd' ich den kleinen kochen, nicht zu hart, damit sie was verschlagen. Oder Rührei? Ist kein Fett im Haus. Wenn der Mann nichts gekriegt hat, dann ist nichts im Haus. Nein, gekochte Eier, ja. Und Suppe. Und das Fett für die Suppe, wenn welches da ist. -

– Da schau her, da haben sie auch schon das Wintergetreide drin. Ein sauberes Feld, das. Gute, schwarze Erde. Wenn einem das gehören würde, das Doppelte würd' ich rausholen wie bei uns da oben, wo's mehr Steine als Ackerkrumen hat. Aber ich will nicht klagen. Wenn nur die Frau nicht krank geworden wär'. Das hat mir alles, aber auch alles durcheinandergebracht. Immer bin ich der Erste im Dorf gewesen und jetzt bin ich der Letzte. Aber es ist doch nicht meine Schuld. Wenn's die Frau nur bald wieder packt, dann will ich zufrieden sein. Die Kartoffel ha'm ein schönes Geld gebracht. Wir brauchen's auch. Der Doktor und die Mittel aus der Apotheken, da geht halt alles drauf. Aber Hoffnung hat er mir gemacht, der Doktor. Wenn der Zug nur bald da ist, dass ich heimkomm'. Sie wird warten, die Frau. Und die Berta muss gemolken werden. Viel ist's ja nicht, was sie gibt, aber etwas für die Kinder und die Frau. Wo sie jetzt krank ist, da bleibt nichts zum Verkauf. Und die Berta, die wird auch alt, zieht den Pflug nicht wie früher, als sie jung war. Ist wie bei den Menschen auch. Aber ein paar Jahre wird's sie wohl noch machen, bis die kleine Bless stark genug ist. Das will ich wohl meinen. -

– Die jungen Leut' heute. Aber ich halt mein Maul, ich misch' mich nicht ein. Ich lass die and'ren machen, ich kümm're mich um meine Sach, jawohl. Ein schöner Posten, die Wolle ist 1 a, da gibt's nichts. Die werd' ich schön auf die Seiten legen. Für meine guten Kunden. Dieser Schafskopf. In dieser Zeit so was aus der Hand zu geben. Das sollt' mir einfallen. Geld? Das kann er haben, so viel er will. Wenn er mir nur mehr davon besorgt. Und der braucht Geld. Saufen und Weiber, das geht nie gut. Aber mirwege kann er gern weitersaufen und huren. -

– Eine Mutter? Ob sie eine Mutter ist? Oder ist sie auch so eine, die ihren Sohn in den Krieg hetzen wird? War es ein Junge oder ein Mädchen, das sie an der Hand hatte? Ein Junge, glaube ich. Oder? Ich weiß nicht, ist auch egal. Ach, sie wird wie alle anderen sein. Eine echte deutsche Mutter, die ihr Kind unter Schmerzen gebiert, es voller Entsagung aufzieht, ihm die Blumen und die Beeren, die Sonne und den Mond und die

Sterne zeigt, es die ersten Buchstaben lehrt und ihm Märchen vorliest. Aber dann, wenn das Kind zum Mann geworden ist, er der Liebe bedarf, heißt es: Los! Marsch ins Feld! Marschieren. Töten und massakrieren. Mach', dass du fortkommst, du Taugenichts. Für's Vaterland, für den nächsten Führer, für die Ehre, deine Ehre, seine Ehre. Marschieren, los! Und wenn du krepierst als Held, dann werde ich nicht an Tränen sparen. Ich werde weinen um dich und stolx sein auf dich. Scheiße! Das wollen Mütter sein? Nichts als gemeine Bestien sind das. Eitel und rachsüchtig. Wenn unsereins ins Gras gebissen hat, dann können sie stolz sein. Pfui Teufel. Weil sie schon ihre Männer hassen, deswegen geben sie schon ihren Segen, wenn sie in den Krieg ziehen. Und die ziehen glücklich, weil sie endlich mal ihrer Alten entrinnen können. Dem häuslichen Mief, dem Gestank der Windeln und des Eintopfs und dem Geplärre der Gören. Ja, glücklich ziehen sie in den Krieg. Schreien Hurrah! Hurrah! Egal, ob Kaiser oder Präsident oder sonst wen. Und uns, die Söhne, werden von den Müttern hinterhergeschickt, weil wir die Abbilder ihrer Männer sind. Und alles läuft wie geschmiert. Die Kriege und das Morden und die Hetze gegen andere Völker und Religionen. Hurrah und Tschingte-

rattata! Verdammt noch mal, dauernd haut der
mir in die Kniekehlen, der Hund. Das macht der
extra, aber warte, dem werd ich's zeigen. Wo sind
seine Haxen? Da und wenn er hochgeht, dann
eine Viertel Drehung nach links und den Ellbo-
gen raus. Da hast du's. -

"Aua, aua – sind Sie wahnsinnig ... auauau. Sie
Flegel, das werden Sie mir büßen." -

"Nun regen Sie sich mal ab, Opa. Ich habe Ih-
nen schon einmal gesagt, dass Sie ihre Füße nicht
so weit von sich strecken sollen. Aber wenn Sie
glauben, es sei ein Vergnügen, die ganze Zeit zu
stehen, dann können wir gerne tauschen ..." - "So
weit kommt es, Sie, Sie Element Sie ..." - "Nehmen
Sie sich ein bisschen in Acht, will ich Ihnen ge-
raten haben. Wenn Sie ausfallend werden, dann
setzt es Prügel. Von so einem Etappenhengst wie
Ihnen brauche ich mir das nicht gefallen lassen,
verstanden?" - "Für Sie bin ich noch lange nicht
der Opa, sondern Direktor Ahlemann, merken
Sie sich das. Auaaua. Die ganzen Schuhe sind
ruiniert, Sie Flegel Sie."

"Es interessiert mich einen Dreck, ob Sie Di-
rektor oder sonst was sind. Wenn Sie kein Be-
nehmen haben, dann gibt's was an die Backen."
"Ach, seine Schühchen sind kaputt, der Arme.
Kommt Leute, wir sammeln für den armen Di-

rektor." - "Hier Opa, hier hast 'ne Kippe. Prima Ware, kriegst du nicht alle Tage."

– Die nun wieder, müssen die sich auch noch einmischen. Anstatt um sich um ihren eig'nen Dreck zu kümmern, die kleinen Schieber. Aber das hier, das ist der große Schieber. Einer, der immer obenauf schwimmt. Gestern und vorgestern und heute ist der schon wieder obenauf. So was geht nie unter. Und wenn, dann kommen zehn andre von seiner Sorte. Wie die da hinten, die kleinen Schieber mit dem großen Maul. Einer von denen schafft's bestimmt.

Tu ich ihr Unrecht? Vielleicht ist sie nicht so eine. Ihre Augen sahen aus, als würde auch sie an dieser Welt leiden. Wie eine, die ihre Kinder mit Zähnen und Klauen verteidigt und nicht in den Krieg hetzt. Nein, in ihren Augen, da war kein Vorwurf, nein, nur Schmerz. Schmerz um die verlorenen Brüder und Schwestern und Mütter und Väter und Geliebten.

Wie können wir Menschen werden, wenn wir eine schwangere Frau mit einem Klein- Kind bei Wind und Wetter auf dem Bahnsteig zurücklassen? Haben wir das aus all dem gelernt?

Ich fahre zurück mit dem nächsten Zug. Was soll ich denn zuhause? Zuhause! Ich bin heimgekehrt in die Fremde. Fremd die Landschaft, fremd die Sprache, fremd die Eltern. Nie mehr werden wir ein- und dieselbe Sprache sprechen. Ich kann nicht und will auch nicht verzeihen, was sie mir angetan haben. Sie haben mich in den Krieg gejagt. Sie haben mich zum Mörder gemacht. Und sie werden mich misstrauisch ansehen, wenn nur ein Sohn heimkehrt und kein HELD.

Bestimmt steht sie nicht mehr dort, wenn ich komme. Sie wird sich auf den Weg gemacht haben. Vielleicht hat sie ein Fuhrwerk mitgenommen. Unsinn! Wo soll sie hin mit ihrem Bauch? Da kommt sie nicht weit.

Ach, wenn der Zug doch hielte. Ich will zurück. Ich will nicht mehr nachhause. Wie der Zug rüttelt und schaukelt, als wollte er die Gleise verlassen und querfeldein ins Blaue zockeln. Aber der Zug verlässt die Gleise nicht. Ich will runter von den Gleisen Nie mehr werde ich Zug fahren. Wie ich die Züge hasse, die immer nur stur dahinrollen auf ihren Gleisen, an die Front und in den Tod. Oder weg von einer Frau mit grauen Augen und einem Kind an der Hand. -

Die Lokomotive stößt einen beinahe wehmutsvollen Pfiff aus und verlangsamt ihre langsame Fahrt. Auf der Seite mit dem schmutzigen Fenster ist nichts als Wald zu sehen, Fichtenwald, der sich jetzt näher heranschiebt. Dann läuft eine Schiene neben dem Zug her. Ein Schuppen wird sichtbar, verschwindet. Die Menschen im Abteil recken die Hälse, befragen einander, fangen zu drängen und zu schieben an, als wäre das ihr Zielbahnhof. Ganz langsam fahren sie vorbei an einem vergessenen Waggon, an zwei Häusern oben am Waldrand, der wieder etwas zurückgewichen ist. Mit einem gewaltigen Ruck kommt der Zug zum Stehen. Entschlossen hat sich der junge Mann sein Bündel unter den Arm geklemmt und bahnt sich einen Weg ins Freie.

Als der Zug nach kurzer Pause sich wieder in Bewegung setzte, hätten die Reisenden, wären sie weniger mit ihren eigenen Problemen beschäftigt gewesen, auf der Bahnhofsseite einen jungen Mann sehen können, der das heruntergekommene Stationsgebäude verließ und auf der Straße neben den Gleisen zielbewusst entlang ging – in entgegengesetzter Richtung.

Hamburg im März 1988

Die Abrechnung

Mühsam erhob sich Friedrich Forstmann vom Frühstückstisch, geht zum Fenster und schließt es. Das Tik-Tak der Wanduhr wird von einem Seufzer unterbrochen, bevor sie sieben Mal schlägt. Friedich Fortmann kehrt dem Fenster den Rücken und ist empört, wie jeden Morgen. Über den Autolärm, der jeden Morgen um dieselbe Zeit so unerträglich wird, dass er das Fenster schliessen muss, über den Gestank der Autos, über die Straße, die direkt unter seinem Fenster durchführt, und überhaupt, und über die alten Fenster mit den dünnen Scheiben auch. Wo er schon seit langem verlangt hat, jawohl verlangt, denn was ihm zusteht, das steht ihm zu. Aber er war damit regelmäßig bei der Genossenschaft auf taube Ohren gestoßen, wie mit allen anderen Beschwerden auch. Wutentbrannt hatte er das Büro verlassen, nicht ohne vorher den Büro-Hengsten in aller Deutlichkeit seine Meinung gesagt zu haben.

Aber seine Empörung erschöpfte sich nicht darin. Friedrich Forstmann war auch empört über die laute Radiomusik, die Punkt sieben unter ihm einsetzte, über das Brötchen, das er gerade verzehrt hatte, und das ihm aufstieß und

Sodbrennen verursachte, wie er meinte. Empört war er auch – da, mitten in seiner allgemeinen Empörung, auf halbem Weg zwischen Fenster und dem Früstückstisch, schlägt er wie vom Blitz getroffen, der Länge nach hin. Ein Grund mehr, empört zu sein. Doch als Friedrich Forstmann sich bemüht, wieder auf die Beine zu kommen, da geht das nicht, da merkt er, dass er an Händen und Füßen, Beinen und Armen, an Kopf und Zunge gelähmt ist.

Ein Apoplex cerebrovascularer Natur, so würde ein Arzt konstatiert haben, wäre ein Arzt zur Stelle gewesen, der dann natürlich sofort die Einweisung in ein Krankenhaus veranlasst haben würde, weil in solchen Fällen äußerst schnell gehandelt werden muss, um die Schäden einzudämmen. Aber ein Arzt war nicht zur Stelle und dem Friedrich Forstmann ging nur eines durch den Kopf: Ein Schlaganfall! Jetzt hat mich doch wirklich der Schlag getroffen!

Nur jetzt ganz ruhig bleiben, aber das ist ja ein Blödsinn, nur so eine Redensart in seinem speziellen Fall. Will also sagen: Ruhig Blut und in aller Ruhe nachdenken. Genau überlegen, was zu tun ist. Aber auch das ist ja schon wieder so ein Quatsch, auch das ist nur so dahergeredet, nein, dahergedacht, denn ich kann so lange überlegen, wie ich will, und mir können die allerbesten Gedanken kommen, und ich werd' das Laufen doch nicht wiederkriegen. Und es wird dadurch die Tatsache nicht aus der Welt geschafft, dass ich der Länge nach in meiner Wohnung hingeschlagen bin und mit der Schnauze im Teppich liege.

Der Teppich! Jetzt haben sie's. Wie oft habe ich schon einen Antrag auf einen neuen gestellt? Egal, man hat ihn mir nicht bewilligt. Die haben ihre Vorschriften und basta. Und jetzt liege ich mit der Nase in meinem verpissten Teppich. Aber es ist doch nicht meine Schuld, dass ich das Wasser nicht mehr halten kann, dass ich eine Inkontinenz habe, wie der Arzt sagte, dass er mir sogar Windeln verschreiben wollte, aber da habe ich mich geweigert, jawohl, nein, so weit sollte es mit mir nicht kommen, ich bin doch kein Wickelkind mehr, das habe ich ihm gesagt. Ja, und da lief mir halt weiterhin die Pisse die Beine hinunter und in den Teppich und immer merkte ich es zu spät, so sehr ich mich auch anstrengte.

Jetzt rieche ich es selbst natürlich auch. Ich war ja daran gewöhnt, hab' es sonst gar nicht mehr gerochen. Nur Fremde, ja, die rochen das natürlich gleich. Naja, so viele Fremde waren das ja nicht, Gottseidank. So viele Leute haben mich in meinem Pissloch nicht aufgesucht. Der Arzt, der hat ab und zu kommen müssen und hat er auch seine Bemerkungen gemacht, von wegen Gestank und so, aber einen neuen Teppich hat der mir auch nicht besorgen können. Und die Schwester, meine Schwester, die Erna meine ich, ja die, aber die musste ja immer an allem rummäkeln. Die ist mal mit Teppichshampoo beigegangen, viel geholfen hat es aber nicht. Nee, wirklich nicht. Es hat nur ein bisschen weniger gestunken als sonst.

Und wie Friedrich Forstmann an seine Schwester Erna denkt, da fällt ihm auch ein, dass er bald Geburtstag hat und dass dann ihr Besuch wieder ansteht. Einmal im Jahr kommt sie ihn besuchen, an seinem Geburtstag. Und einmal im Jahr fährt er zu ihr, zu ihrem Geburtstag. Ja, so halten sie es seit vielen Jahren, seit sie als Einzige von allen übriggeblieben sind, von Eltern, Geschwistern, Onkeln und Tanten. Auch wenn sie sich eigentlich immer nur streiten, so halten sie an diesen wechselseitigen Besuchen fest, weil es doch so etwas wie ein Ereignis in ihrem ansonsten so ereignislosen Leben ist. Eine lieb gewordene Tradition sozusagen.

Jetzt muss ich genau nachdenken. Ich habe doch vorhin erst das Kalenderblatt abgerissen.

Es war der ... es war der ... ja, Donnerkeil, hat mein Gedächtnis etwa auch einen Schlag bekommen? Nein ... nein, jetzt fällt es mir ein, es war der Diensttag, der 14. und am 19. hab' ich Geburtstag, am Sonntag, jawohl am Sonntag will Erna kommen, das hat sie mir schon auf einer Postkarte mitgeteilt, mit der genauen Uhrzeit der Ankunft ihres Zuges, damit ich sie abholen könne, pünktlich, wie sie dick unterstrichen hatte, wie sie es immer tat, seitdem ich mich ein einziges Mal um ein paar Minuten verspätet hatte, was aber nicht meine Schuld gewesen war, sondern die der Straßenbahn. Wo ich in meinem Leben immer pünktlich gewesen bin! Und das weiß sie ganz genau, dass mich das ärgert, das mit dem **Pünktlich**! Das könnte ja vielleicht meine Rettung sein, so lange muss ich durchhalten. Mittwoch, Donnerstag, Freitag, Sonnabend und Sonntag – fünf Tage, das könnte gehen.

Als Friedrich Forstmann genauer nachdenkt, diese fünf Tage mehrmals für sich wiederholt und bedenkt, wie lange ihm schon die verstrichene Zeit vorkommt, obwohl das bestimmt noch keine dreiviertel Stunde her ist, da kommen ihm doch Zweifel. Er beginnt zu überlegen, wer denn sonst noch kommen oder auf ihn aufmerksam werden könnte.

In dem Augenblick beginnt unter ihm das Radio sein allmorgenliches Geplärre. HIER BEGINNT DAS LEBEN .... ICH SEHNE MICH NACH DIR.

Konnte Friedrich Forstmann sonst schon immer alles gut verstehen durch die dünnen Wände in seinem Sozialbau, so jetzt noch viel besser, wo sein Ohr auf den Boden gepresst lag, noch dazu dasjenige, mit dem er noch sehr gut hören konnte. Das gab ihm neuerlichen Anlass, empört zu sein., zumal er sich vorkam als würde er spionieren und als wäre er auf frischer Tat ertappt worden. Das Schicksal erschien ihm ungerecht, allgemein und insbesondere ihm gegenüber.

Nein, von den Fischers, da ist überhaupt nichts zu erwarten. Sie merken in ihrem Suff doch gar nicht einmal, dass ich nicht mehr mit dem Stock auf den Boden aufstoße. Außerdem grüßen wir uns schon ewig nicht mehr, genau genommen, seit sie eingezogen sind und gleich mit dem Lärm begonnen hatten.

FIAT SCHLÄGT DIE ZINSEN NIEDER ... AX, DAS ERSTE SHAMPOO FÜR WAHRE MÄNNER, IN DREI AUFREGENDEN DUFTVARIANTEN ...

Erwürgen sollte man die, alle miteinander.

Ihr faules Pack, arbeitsscheues Gesindel, Verbrecher, aber es nutzt ja nichts, ich darf mich nicht aufregen – ich darf mich nicht aufregen. Nur ganz ruhig bleiben, einfach nicht hinhören. Ich hätte damals – sie haben mich eingeladen auf ein Bier, ja so war's, aber ich war ausgewichen, auch beim nächsten Mal. Eigentlich nicht so sehr wegen ihm, nein, wegen ihr, ihrer fülligen Figur, wie sie da im ärmellosen Kleid gestanden hatte – da wusste ich doch schon Bescheid, auf so was wollte ich mich nicht einlassen. Aber vielleicht, vielleicht hatte sie es ja gar nicht so gemeint, ich konnte mit meinen 70 Jahren ihr Großvater sein, vielleicht hätte ich auf ein Bier eingehen können, dann hätte ich jetzt jemanden gehabt.

Nein, nein, nein. Dann hätte ich die beiden auch einladen müssen. Und dann wäre sie bestimmt gekommen, wenn ihr Mann nicht dagewesen wäre, ich kenn' doch die Weiber, wollen doch immer nur dasselbe. Nein, nein, nein, es ist schon gut, dass ich mich auf nichts eingelassen habe. Meine Ruh' will ich haben – obwohl, die habe ich dadurch gerade nicht bekommen. Aber das hat jetzt alles nichts zu bedeuten, das ist alles Jacke wie Hose, auf die brauch' ich jedenfalls nicht zu zählen. Die würden höchsten noch nachhelfen, wenn sie könnten. Nein, die kannst du vergessen.

Flüchtig dachte Friedrich Forstmann an den Briefkasten. Vewarf den Gedanken aber sofort wieder. Nicht einmal in einem Jahr würde der voll werden, dachte er. Höchstens durch die Reklamesendungen. Aber ansonsten bekam er ja keine Post. Außer einer Karte im Jahr von seiner Schwester und ab und zu mal etwas von der Rentenanstalt. Nein, der Gedanke war ihm auch nur deshalb in den Kopf gekommen, weil er mal gelesen hatte, dass Nachbarn durch überquellende Briefkästen aufmerksam wurden. Aber das war meistens erst Monate nach dem Tod eines alten Rentners oder auch einer Frau, wenn die Leiche schon halb oder ganz verwest war. Wenn der Gestank in das Treppenhaus drang. Es ekelte ihn. Aber ihm würde das nicht passieren, dessen war er sich sicher, weil am Sonntag seine Schwester kommen würde. Und bis dahin würde er nicht verwesen. Mit Verwunderung registrierte er, dass er sich schon als Leiche sah. Dass er dachte, er würde es vielleicht doch nicht bis zum Sonntag schaffen.

Aber dann nahm er den Gedanken doch nicht so ernst, sondern meinte, noch viel Zeit zu haben. Seine Lage erschien noch keineswegs als hoffnungslos.

Das änderte sich, als kurz nach 12.30 Uhr die Sonne die Stelle erreicht hatte, wo er auf dem Teppich lag. Er war eingenickt und schweißgebadet aufgewacht. Den Hund aus dem Alptraum sah er noch vor sich. Vielmehr hinter sich, wie er sich mit geiferndem Maul auf ihn stürzen wollte, wie er rannte unter brennender Sonne über Äcker und Feldwege, selber mit Schaum vor dem Mund, sich nach Steinen und Erdklumpen bückte, um sie gegen den Hund zu schleudern, der stets in derselben Entfernung blieb und geschickt den Würfen auswich. Wie nirgends ein Haus zu sehen war, nicht ein Wald, nicht ein Baum, nur verdorrte Felder. Und er in panischer Angst immer weiter rannte, den Hund immer in gleichem Abstand hinter sich.

Das gleichmäßige Tik-Tak der Uhr beruhigte ihn etwas. Er konnte sie aber nicht sehen und daher nicht feststellen, wie spät es geworden war. Sie schien das Stundenschlagen vergessen zu haben. Es dauerte eine Ewigkeit, bis er die Zeit erfuhr. 15 Uhr. Die Sonne schien ihm jetzt voll ins Gesicht. Durst fing an, ihn zu quälen. Der Schweiß war unangenehm, aber der Durst, der Durst war viel schlimmer.

In der Nebenwohnung wurde der Fernseher eingestllt. Musik, die für ihn keine Musik

war, sondern einfach nur Krach. DAS KÜH-
LE BLONDE AUS DEM NORDEN – DAS
SCHMECKT.

Oh, wo bleibt die Gerechtigkeit auf Erden!
Der Teufel soll sie alle holen, mit ihrem Fernse-
her, ihrem Bier, ihrer Rücksichtslosigkeit. Naja,
zugeben muss ich, dass sie nicht wissen kön-
nen, dass ich mit der Schnauze im Teppich liege
und am Verdursten bin. Ja, am Verdursten, auch
wenn die Sonne weitergewandert ist, endlich.
Der Durst ist unerträglich, unerträglich, UN-
ERTRÄGLICH!

Jetzt musste er auch noch pissen, erpürte
schon die Wärme an seinem Bein, aber er woll-
te, er musste die Flüssigkeit bei sich behalten, er
durfte kein Wasser verlieren. Ein blanker Hohn
war die Wasserspülung, die über ihm betätigt
wurde. Die fette Schraber, deren Musikinst-
rument war die Kloschüssel. Das pfiff, zischte,
knallte, röhrte und donnerte, dass der alte Lu-
ther seine Freude gehabt hätte. Aber Friedrich
Forstmann wollte sich nicht ablenken lassen. Er
wollte sein Wasser bei sich behalten. Er konzen-
trierte sich, aber es half alles nichts. Er hätte sein
Wasser gesoffen, wie er von den Soldaten in der
Wüste gelesen hatte. Aber es ging nicht, es ging
nicht, es .....

Das ist der Tod. Ich bin tot. Dies also ist der Tod. Da gib es keine Uhren mehr. Deshalb höre ich kein Tik-tak mehr. Die gute alte Uhr, die ich jeden Tag aufgezogen habe. Schlag acht. Immer Schlag acht habe ich sie aufgezogen. Nicht einmal in meinem ganzen Leben ist sie stehengeblieben. Nein, sie hat niemals stillgestanden. Sie lief, so lange ich lebte. Und jetzt läuft sie nich mehr und du, du bist tot.

Unsinn, du denkst doch noch. Oder denkt man auch, wenn man tot ist? Und Durst habe ich auch. Quatsch, du bist gar nicht tot, es ist nur dunkel. Aber es kann doch nicht so stockfinster sein.Warum höre ich denn nicht den leisesten Laut? Ist mein Gehör auch futsch? Und meine Augen auch?

Plötzlich hörte er on Ferne Motorengeräusch und dann sah er aus dem Augenwinkel etwas Licht über die Decke huschen. Von der Straßenbeleuchtung sah man durch die riesigen Bäume nichts. Friedrich Forstmann war erleichtert. Es überkam ihn fast so etwas wie Freude. Aber dieses Gefühl konnte in seiner Situation nicht von langer Dauer sein.

Es geht also zu Ende. Warum bist du nicht gleich hinübergegangen? Warum muss ich mich jetzt noch so quälen? Und das Furchtbarste ist, dass man nicht einmal fluchen kann. Nicht schimpfen, brüllen, schreien kann, nicht einmal heulen kann. Wann habe ich zuletzt geweint? Ja, ich weiß. Aber seither? Habe ich seither nicht mehr geweint? Ist das wahr?

Ja, es ist wahr. In jener Nacht, als aus den Trümmern des Hauses, das von einer Bombe getroffen worden war, meine Frau und die beiden Kinder geborgen wurden, da habe ich geheult. Und wie ich da geheult habe. Ich konnte einfach nicht mehr aufhören. Damals muss ich alle meine Tränen vergossen haben. Danach habe ich nie wieder geheult.

Die Uhr, oh wenn die Uhr doch ginge. Es ist, als ob die Zeit still stünde. Heute früh ist sie stehengeblieben. Aber dann müssen ja 24 Stunden vergangen sein. Dann bin ich ohnmächtig geworden, nein, geschlafen habe ich. Nein, das war doch kein Schlaf. Das war kein normaler Schlaf. Das Ticken der Uhr hatte ich gar nicht mehr gehört. Aber jetzt, jetzt fehlt es mir. Es gab die Zeit. Mal verkürzt, mal gedehnt, aber es gab sie, sie stand niemals still. Das Ticken gab einem die Gewissheit, dass die Zeit nicht stillstand, dass sie fortschritt.

Fort, wohin? Darüber habe ich nie nachgedacht. Naja, so allgemein. Bis du in der Kiste liegst. So halt. Aber richtig nachgedacht habe ich darüber nicht. Wollte vielleicht nicht. Ich glaube, dass ich damals gestorben bin. Danach habe ich doch nicht mehr gelebt. Nun, was man halt so Leben nennt. Aber richtig gelebt? Habe ich denn vorher gelebt? Danach jedenfalls habe ich nur noch eine Wut gehabt, eine Sauwut. Verbittert, ja das war ich. War es denn kein Unrecht, was mir widerfahren ist? Meinen Kindern, meiner Frau? Warum denn mir, ausgerechnet mir? Wo ich immer dagegen gewesen bin?

Im Sommer -43 war Friedrich Forstmann gerade 38 Jahre alt gewesen. Er arbeitete bei der Feuerwehr. Die Luftangriffe dauerten an. Tagelang war er mit seinen Kameraden ständig im Einsatz. Zum Schlaf kamen sie nur stundenlang, manchmal nur minutenweise. Nach einem erneuten Bombenteppich hatten sie in Hamm, im Osten Hamburgs, alle Hände voll zu tun.

Da verließ Friedrich Forstmann ohne Erlaubnis seinen Einsatzort. Später stellte sich heraus, dass er sich zu seiner Wohnung ein paar Straßen weiter begeben hatte, wo er vor den rauchenden Trümmern stand. Der Verlust seiner Familie hatte Friedrich Forstmann derart verwirrt, dass er einige Wochen arbeitsunfähig war. Als gebrochener Mann kehrte er an seinen Arbeitsplatz zurück. Von einem Strafverfahren sah man aus Rücksicht auf seine Verfassung ab – vielleicht auch nur deshalb, weil man auf niemanden verzichten konnte.

Später dann, nach dem Ende des Krieges hätte ihm die Tatsache, dass er im 3. Reich nur einfacher Feuerwehrmann gewesen war – auch Parteimitglied war er nie gewesen – von Nutzen sein können. Mehrfach wurde ihm der Weg zum Aufstieg geebnet, aber er lehnte regelmäßig ab. Schließlich unterließ man es, ihn überhaupt zu fragen. Als er sein Pensionsalter erreicht hatte, quittierte er den Dienst. Er verschwand ebenso unauffällig, wie er immer seine Pflicht getan hatte. Und niemand hat ihn jemals vermisst.

MÜLLEIMER SCHEPPERN. AUTOS HUPEN. MAN HÖRT KINDERRUFE

Wie ein Tier habe ich mich in meine Wut hineingefressen, die Wut über dieses Unrecht. Ich wollte es nicht wahr haben. Das war es. Ich, der ich gegen den Krieg gewesen bin, genau wie mein Vater und der Großvater. Alle waren wir Sozis. Und wir waren alle gegen Hitler. Von Anfang an bis zum Ende. Nicht wie die anderen alle. Gestern die Internationale gesungen und am nächsten Tag das Horst-Wessel-Lied. Diese Lumpen die. Aber wir nicht. Von uns ist keiner in die

Partei rein, von uns ist keiner zu Kreuze gekrochen. Wir haben das braune Gesindel nicht unterstützt. Nein, Widerstand haben wir nicht gemacht. Ich auch nicht. Ich dachte mir mein Teil. Wir meinten ja, dass die braune Pest bald vorbei sein wird. So dachten wir bei uns. Aber dann kam der Krieg und wir dachten immer noch, dass das bald vorbei sein wird. War aber nicht. Im Gegenteil, das ging immer länger und länger und die Bomber kamen jeden Tag und auch in der Nacht und es wurden immer mehr und alle Städte brannten und auch Hamburg brannte und kein Tag verging, an dem nicht die Bomber über unsere Köpfe brummten. Aber dem Hitler sein Maul stopfen, nein, das konnten sie nicht. Mit all den Bomben hätten sie den doch ausräuchern können in seinem Berlin wie ein Kaninchen. Aber vielleicht wollten sie das auch gar nicht – haben doch alle am Krieg verdient – nja, bis auf die, die eines Tages mit der Schnauze im Dreck lagen. Wie ich, genau wie ich.

Und, was habe ich verbrochen, dass ich das verdient hab'? Eine solche Gemeinheit? Nichts hab' ich verbrochen. Im Gegenteil. Wer hat denn die ganze Sauerei immer wegräumen müssen? Das waren wir doch. Das hat nicht appetitlich ausgesehen. Nee, wahrhaftig nicht. Und hunderten Menschen das Leben gerettet, ja, das hab' ich auch. Und mein Leben, wer rettet das jetzt? Kein Schwein, niemand. So wenig, wie man meine Frau und die Kinder gerettet hat. Als wenn die etwas dafür gekonnt hatten.

Ich will raus hier. Ich will Licht, immer ist es dunkel. Es ist dunkel. Ich will Licht. Ich will Wasser. Ich spüre schon meinen Mund nicht mehr. Und meine Augen auch nicht. Ich rieche nichts. Hilfe, Hilfe, ich will raus, raus, raus – warum hilft mir denn niemand?

Wenn ich nur an Gott glauben könnte. Dann hätte ich jemanden, die ich zur Verantwortung ziehen könnte. Verfluchen würde ich ihn für das, was er mir angetan hat. Jawohl, denn ich habe mir nichts vorzuwerfen. Er könnte mir vorwerfen, dass ich nicht an ihn geglaubt habe. Ja, das stimmt. Aber dann wäre er genau wie der Hitler, der wollte auch, dass alle an ihn glauben. Nee du, alles nur Pfaffengewäsch.

Ich hätte schon deswegen nicht an ihn glauben können, weil ich die Menschen nicht geliebt habe. Ich habe alle Menschen nur noch gehasst. Nach allem, was sie mir angetan haben. Da konnte ich sie einfach nicht mehr lieben ... Vielleicht ist das meine Sünde?

Aber es ging doch nicht. Ich konnte nicht

mehr an die Menschen glauben. Wie mein Alter immer gesagt hatte: Man muss an den Menschen glauben. Nee, konnte ich nicht. Ich habe sie nur gehasst, alle, die Kollegen, die Leute hier im Haus, alle. Wegen ihrer Blödheit vor allem. Die haben doch nie was gelernt, wollten auch nichts lernen. Kaum war der ganze Scheiß zu Ende, haben sie an dieselben Deppen wieder geglaubt. Bis auf die paar Typen, die in Nürnberg gehängt wurden, waren sie doch alle gleich wieder obenauf. Die Bonsen, die Richter, die Staatsanwälte, die Professoren, dieselben Ärzte, dieselben Rechtsanwälte, dieselben Pfaffen, dieselben Typen bei den Zeitungen und beim Radio. Und dieselben Politiker, statt in braun, nun in schwarz. Doch alles dieselbe Mischpoke. Und es musste geglaubt werden, was die Amis sagten. Und wem's nicht passte, konnte nach driben gehen. Oder in den Knast. So hat man sich das Stimmvieh wieder rangezogen.

Was hat die denn aus der Ruhe gebracht? Nischt. KPD-Verbot – ich war nicht bei den Kommunisten, aber das Verbot war eine Sauerei. Dann kam wieder die Armee, diesmal Bundeswehr genannt, mit den alten Nazi-Generälen und es kam die Wiederbewaffnung und die Wiederaufrüstung und die Bundesrepublik haben sie vollgeknallt mit Atomwaffen und Gaswaffen und Giftwaffen und was weiß ich. Hat sich doch keiner drum gekümmert. Die KZs haben sie abgeschafft und woanders weitergemacht. Haben im Namen der Demokratie haben sie gemordet und massakriert in Korea, Algerien, Vietnam, Kongo. Bis heute, geht immer lustig weiter. Haben im Namen der Demokratie mehr Menschen umgelegt wie der Hitler. Das darf man zwar nicht sagen. Stimmt aber doch. Aber ist halt doch was anderes, weil es nur Schwarze und Gelbe und Braune sind und so. Die zählen nicht so viel wie ein Jude. Sieht man ja in Palästina. Wenn sie tausend Palästinenser umlegen, dann zählt das nicht so viel wie ein Jude. Hoppla, darf man auch nicht sagen. Oh nein, vieles darf man hier nicht sagen. Aber von Meinungsfreiheit und Demokratie quatschen, das können sie. Und alle quatschen den Mist nach, der ihnen vorgelabert wird. Und die soll man lieben? Die Menschen, die immer nur wie Schafe blöken?

Und du, was hast du dazu gesagt? Was hast du denn getan? Du hast doch auch nichts getan, genau wie alle anderen. Hast schön dein Maul gehalten, genau wie alle anderen auch. Aber auf's hohe Ross hast du dich gesetzt, nicht wahr, und hast alle anderen verachtet, das konntest du.

Ja, ich habe sie verachtet und ich habe die Menschen von mir gestoßen. Aber was sollte ich denn machen? Ganz allein? Mit der Knarre losziehen wie die Baader-Meinhof-Truppe? Bringt doch nichts, hat man doch gesehen. Und jetzt ist sowieso alles zu spät. Jetzt werde ich krepieren in meiner Pisse. Krepieren wie ein Hund. Und wenn man mich dann findet, dann werden sie MICH verachten. "Schaut euch den alten Pisser an! Den alten Hosenscheißer!" So werden sie sprechen und werden dreckig dazu lachen.

Vielleicht lachen sie ja nicht. Aus schlechtem Gewissen. Bestimmt werden sie ein schlechtes Gewissen haben und nicht lachen. "Wir hätten" und "Wenn" und "Würden wir doch" - aber es wird zu spät sein. Ich werde es nicht schaffen, bis Erna kommt. Wieviele Tage sind vergangen? Wenn ich das nur wüsste. Es ist so dunkel und die Uhr schlägt nicht mehr. Wie lange ist das wohl her? Zwischendurch habe ich gepennt oder war ohnmächtig oder was weiß ich. Und ein Zeitgefühl habe ich sowieso nie gehabt. Ich war immer von der Uhr und vom Kalender abhängig. Und wenn ich ein oder zwei Tage bewusstlos war? Vielleicht ist es ja schon Samstag? Ich weiß es nicht. Ist auch egal. Ich schaffe es jedenfalls nicht. Wäre gut, wenn Erna als erste käme und ein bisschen den Dreck wegmachen würde, bevor die Leute alle ihre Nase hier reinstecken werden. Alle werden sie antanzen. Die Fischers von unten, die Dicke von oben, die Schwarmer, der Hausmeister von ganz unten, der alte Säufer, die Schinkels von drüben mit den frechen Gören, die Ralkes – naja, die vielleicht nicht, das sind ganz Stille, waren immer zurückgezogen, die Duve hier auf der Etage, ein neugieriges Klatschmaul und die Ewalds, junge Leute, die noch nicht lange im Haus wohnen. Sind nach der ollen Mangold eingezogen, die im Winter gestorben ist.

Hat es mich etwa gekümmert, als sie starb? Einen Dreck hab' ich mich darum gekümmert. Die Mangold, sie war gar nicht so übel, wenn sie nur nicht am Stock gegangen wäre. Korrekt war sie, ja. Als sie mal eine Glühbirne geliehen hatte, brachte sie gleich am nächsten Tag eine zurück. Nein, da lässt sich nichts sagen. Aber als sie starb, da hatte ich kein Mitleid. Nein, im Gegenteil. Ich war überheblich, weil ich sie überlebt habe. Alle werde ich überleben, die Deppen. Die Alten meinte ich natürlich. So ungefähr habe ich gedacht.

Nja, selber ein Depp. Aber ich glaube, alle denken mehr oder weniger so. Wollen immer etwas Besseres sein als der Nachbar. Auf die eine oder andre Weise wollen wir uns immer über den Nächsten stellen. Der eine tut's mit dem Auto, der andere mit den Klamotten, der dritte mit dem Haus oder mit seiner Wohnungseinrichtung. Naja, und wer keine Kohle hat und sich das alles nicht leisten kann, der hält seinen Kopf für etwas Besonderes. Beweisen braucht man's ja nicht. Hab' ich es jemals beweisen müssen? Nee, hab' ich nicht.

Was ist nur los mit mir? Meine ganze Wut ist weg. Ich hab' gar keine Wut im Bauch. Diese Stille! Macht das die Stille? Oder macht das der Tod? Wird man so, wenn man sterben muss? Wenn man ganz sicher ist, dass man sterben muss? Bin ich denn sicher? Muss ich jetzt sterben. Ist dann alles vorbei? Oder denke ich weiter, immer weiter? Bis in die Ewigkeit? Denkt es weiter? Ist das der Tod? Dass man mit den Scherben seines Lebens allein gelassen wird? Dass man denkt und denkt, was man getan und gelassen hat, immer dasselbe, bis alles immer blasser wird, immer blasser und dann erst alles erlischt wie eine Kerze, die herunterbrennt? Aber das wäre ja schrecklich. Eine wahre Hölle wäre das. Unsinn! Hör bloß auf mit dem Quatsch, sonst drehst du am Ende noch durch.

Ich will nicht, ICH WILL NICHT, ich will nicht krepieren wie ein Hund. Ich verdurste, ich krepiere vor Durst. Was hab' ich denn getan, dass ich jetzt wie ein Hund krepieren muss? Ich hab' doch nichts Böses getan!

Nein, nein, du hast nie etwas Böses getan. Gewiss, du hast deine Eltern geliebt, wie es sich für einen braven Sohn gehört, jawohl. Du hast deine Frau und deine Kinder geliebt, wie sich das für einen braven Ehemann und Vater gehört, jawohl. Und ... wen hast du sonst noch geliebt? Na sag' schon, sag' doch. Aber da fällt dir nichts und niemand ein, weil du niemanden geliebt hast. Nur dich hast du geliebt, sonst niemanden. Das ist doch noch die Frage, ob du Eltern, Frau und Kinder wirklich geliebt hast! Hörst du: GELIEBT! Oder ob du nur deine Pflicht getan hast. Ja, deine Pflicht. Wie du deine Pflicht als Feuerwehrmann getan hast, ja und viele Menschen gerettet hast, weil es deine Pflicht war. Wozu warst du Feuerwehrmann, wenn nicht dazu? Also sei nur ruhig und fang bloß damit nicht noch einmal an. Willst dich groß tun, weil du nichts Böses getan hast. Naja, meinetwegen, nichts Böses, aber Gutes hast du auch nicht getan, nicht mehr, als was deine Pflicht war. Du hast doch immer bloß gejault, wenn du dem Schicksal zu dicht vor die Füße ge-

laufen bist und einen Tritt bekommen hast.

Aber ich ... ich ... und was ist mit den anderen, die mitgemacht haben, ich habe nicht mitgemacht ... ich ...

Jaja, wir sind jetzt nicht bei den anderen, wir sind bei dir. Du musst jetzt sterben und nicht die anderen. Und was du getan hast, das ist hier die Frage. Was hast du getan, dass Hitler und der Krieg verhindert wurde? Nichts. Was? Nicht gewählt hast du ihn. Na gut. Das Mindeste. Aber nicht mehr. Hast du demonstriert? Hast du gestreikt? Hast du Flugblätter verteilt, agitiert? Versucht, die Menschen zu überzeugen? Nichts dergleichen. Es gab aber welche, die das getan haben. Was? Auf dich sei es nicht angekommen? Lüg' jetzt nicht in deiner letzten Stunde. Diesen Spruch haben Millionen gesagt. Und das waren die Millionen, auf die es angekommen wäre. Du Hund, in deinen letzten Minuten willst du dich noch herausreden.

Und was hast du dann nach dem Krieg getan? Getan, meine ich. Nicht heimlich gemault, was keiner gehört hat. GETAN, also. Hast du dich gewehrt, als das ganze Nazi-Gesindel wieder das Kommando übernommen hat? Die Politiker, die Richter, die Bürokraten, die Pfaffen und Ärzte – dass sie alle wieder da waren, als wäre nichts ge-

wesen? Nichts hast du getan. Im Gegenteil, mein Lieber, im Gegenteil. Nichts da, im Gegenteil sage ich. Als tausende dagegen waren und auf den Puts gehauen haben und nicht locker gelassen haben – hast du da nicht heimlich eingestimmt in den Chor derjenigen, die gesungen haben 'Ruhe, Ruhe soll sein! Man soll die Vergangenheit endlich ruhen lassen.' Na siehst du. Da ist es mal wieder nicht auf dich angekommen, wie?

Nein, nein, sei ruhig jetzt. Ich rede jetzt. Und als die Wiederaufrüstung begann, als Adenauer wieder zum Marsch gen Osten getrommelt hat, da ist es auch nicht auf dich angekommen, nichtwahr? Und als die Industrie richtig loslegte und wie die Berserker im Land herrschten, die Flüsse versauten, die Luft verdreckten, die Nahrung vergifteten, die ganze Welt ausbeuteten – auch da ist es nicht auf dich angekommen, wie? Es ist eigentlich nie auf dich angekommen, wie? Nie! Und wozu hast du dann eigentlich gelebt, wenn es nie auf dich angekommen ist? Kannst du mir das mal verraten?

Kannst du nicht. Du hast doch nur rum schmarotzt, nichtwahr? Und rumgenölt in deinem Loch, nichtwahr? Aber so, dass es keiner hörte, nichtwahr? Geh mir fort, ein kleiner Schmarotzer bist du gewesen, nichts weiter. Und so wirst du krepieren, als eine kleine, stinkende, unnütze Laus! Und

Läusen weint man keine Träne nach, da verlass dich mal drauf.

Ich will nicht sterben ... ich will nicht, nicht hier, nicht so, bitte, ich will nicht, vielleicht kann ich noch etwas tun, bitte, bitte, lass mich durchhalten, bis Erna kommt, ich werde ihr, ich werde sie ... bitte, bitte, bitte, nur bis Erna kommt. Ich will nicht sterben.

Was willst du? Ein Klotz an ihrem Bein wirst du sein. Sie wird dich herum schleppen müssen und trockenlegen müssen wie ein Baby und das in ihrem Alter! Und du wirst sie anmaulen, wenn es nicht schnell genug geht, nicht? Du willst dich weiter durchs Leben schmarotzen auf Kosten anderer, das willst du. Dich retten! Das kann ich nicht. Und wer könnte daran schon ein Interesse haben? Nutze lieber die Zeit, die dir noch bleibt. Die Zeit läuft und nicht mehr lang, sag' ich dir.

Was kann ich denn noch machen.

Du sollst gar nichts mehr machen. Du hast ein ganzes Leben gehabt, um etwas zu machen. Das ist jetzt vorbei. Du hast nur noch deinen Kopf. Den kannst du noch benutzen. Sonst hätte dich am besten gleich ein Hirnschlag treffen sollen.

Was soll ich sagen. Ich weiß nicht, warum alles so gekommen ist. Ich weiß nicht, warum ich so geworden bin. Mein Vaer war nicht böse mit uns Kindern, nein, das war er nicht. Aber gut? Nein, gut eigentlich auch nicht. Er war streng. Aber das Leben war auch streng. Eigentlich habe ich immer Angst vor ihm gehabt. Ich war nicht wie der Hans, der älteste Bruder, der später einfach abgehauen ist und nie wieder sich gemeldet hat. Den habe ich immer bewundert und wollte ihm nacheifern, aber gegen meine Angst hat das nicht geholfen. Und eigentlich hatte ich auch immer vor dem Leben Angst. Ich war feige. Ja, ich war ein Leben lang feige.

Obwohl ich es nicht sein wollte. Ich wollte es doch nie. Immer hatte ich die Mutigen bewundert. Ich wollte so sein wie sie. Aber ich schaffte es einfach nicht. Ich weiß nicht – vielleicht habe ich mich nie richtig angestrengt. Denn Angst haben wir doch alle. Ich habe gelesen, dass auch die Mutigen Angst haben. Aber sie haben noch mehr Angst vor der Feigheit. Und deswegen besiegen sie die Feigheit. Mehr als sterben kann man nicht, das ist wahr. Und sie sterben einen anständigen Tod, während ich, ich muss einen miesen Tod sterben. In meinem stinkenden Loch sterbe ich einen miesen Tod. Das habe ich von meiner Feigheit.

Muss ich denn wirklich sterben, wo ich doch nie gelebt habe? Das war doch kein Leben. Mir kommt es vor, als könnte ich jetzt zu leben beginnen. Wenn das Schicksal nicht so hart zu mir gewesen wäre ...

Fang bloß nicht wieder mit deiner weinerlichen Tour an. DU bist dein Schicksal gewesen. Niemand sonst.

Jaja, jeder ist seines Glückes Schmied, das kenn' ich. Aber das ist nicht wahr. Hörst du? Ich will nicht sterben, nicht jetzt, hörst du?

Ich kann dir nicht helfen, das weißt du. Denn ich bin du. Bin auch du. Bin es immer gewesen. Ich bin dein anderes ICH gewesen, das, auf das du nie gehört hast. Dass du gewartet hast, bis du mit der Schnauze im Dreck liegst, das ist nicht mein Fehler., das kannst du mir nicht ankreiden, mein Lieber. Und jetzt triumphiere ich. Ich gönne es dir und ich verachte dich. Hörst du, ich verachte dich.

Jaja, ich höre, und du hast wohl auch Recht. Ich müsste jetzt über so vieles nachdenken, jetzt, wo mir keine Zeit mehr bleibt. Und warum hast du dich nicht früher etwas deutlicher bemerkbar gemacht? So deutlich wie jetzt zum Beispiel?

Rede dich nicht heraus, sonst werde ich wütend. Soll ich dir vorrechnen, wie oft ich mit dir gerechtet und gestritten habe? Aber zu mir warst du immer ein brutaler und eigensinniger Hund. Mich hast du immer mit Gewalt hinausgetrieben in meine Hütte. Ich weiß, wie ich dich immer gedrängt habe, mit deinen Kindern zu spielen. Aber du wolltest nicht, da warst du zu stolz für, wolltest nicht auf dem Boden rumrutschen und albern sein. Wäre dir ein Zacken aus der Krone gefallen, nichtwahr? Hab' ich dich nicht immer wieder gemahnt, lieb zu deiner Frau zu sein, die du angeblich so geliebt hast? Nichts da, nur keine Sentimentalitäten. Die Weiber darf man nicht verwöhnen. Jawohl, so hast du geredet. Und ohne es zu merken, bist du genau so wie dein Alter geworden.

Hör doch auf jetzt. Es spielt eh keine Rolle mehr. Hör' auf, mich damit zu quälen. Ich habe Durst wie noch nie in meinem Leben, selbst damals nicht, als ich stundenlang auf der Feuerleiter stand. Immer war man halb geröstet danach. Aber ich wusste wenigstens, dass man danach den Durst löschen kann. Aber jetzt? Nur einen Tropfen Wasser. Könnte es nicht einen Wasserbruch geben? Lieber ersaufen, als verdursten. Ich spüre meine Zunge nicht mehr. Sie ist fest geklebt. Weil ich durch den Mund atme. Ich möchte sterben. Nur noch sterben. Ich ertrage es nicht länger, dass du mich jetzt fertig machst. Sei ruhig jetzt, ich will sterben.

Ich bin nicht ruhig. Es dauert noch ein Weil-

chen, bis du ins Gras beißt.

Dann lass mich wenigstens ins Gras beißen und nicht in den Teppich, den verpissten.

Da sieh' mal an, du kannst sogar humorvoll sein auf einmal. Als du lebendig warst, da konntest du es nicht. Da gab es nur den 'Ernst des Lebens' für dich. Nicht einmal auf ein Bier konntest du dich von den Nachbarn einladen lassen. Es gibt nichts Lächerlicheres als Leute, die den 'Ernst des Lebens' zur Schau tragen, dass du es nur weißt! Was hast du davon gehabt? Kannst du mir das sagen?

Nein, das kann ich nicht! Ich kann es nicht, hörst du? Aber du sollst mich jetzt in Ruhe lassen. Lass mich jetzt in Ruhe sterben! Ich kann nicht erklären, warum ich feige, lächerlich, verlogen und was weiß ich noch alles war. Verlogen ... Ja, auch verlogen war ich. Ja, das ist es. Denn eigentlich, tief in meinem Herzen habe ich doch das alles gar nicht geglaubt ... Weil, weil du ja immer da warst ...

Siehst du, das wollte ich hören ...

Aber was kann ich jetzt noch tun?

Jetzt gibt es nichts mehr zu tun, als zu sterben. Du warst kein schlechter Mensch, aber du warst auch kein guter Mensch. Du warst tapfer, wenn es galt, das Feuer zu löschen. Aber mutig? Mutig warst du nicht. Der Macht gegenüber warst du fei-

ge. Du warst eine ehrliche Haut und du warst von Grund auf verlogen. Du warst immer sehr ernst, so sehr, dass du einfach lächerlich warst. Kurz und gut, du warst eine Null wie es Millionen andere Nullen gibt. Und so viel wirst du aus dem Mathe-Unterricht noch wissen, dass Millionen mal Null gleich null ist.

Aber wenn es den Mächtigen einfällt, dann gelingt es ihnen, aus Millionen Nullen eine Masse zu machen, die dann den wenigen Menschen, den lebendigen Menschen, das Leben zur Hölle machen.

Dein Bruder hat das rechtzeitig begriffen und hat das Weite gesucht. Da gibt es jetzt gar nichts zu heulen, das kannst du dir sparen, es nutzt nichts mehr, nicht mehr. Das Elend ist nur, dass solche Nullen wie du siebzig Jahre lang die Luft verpestet haben, siebzig Jahre auf der Erde herumgestrampelt sind. Siebzig Jahre gesoffen und gefressen haben und siebzig Jahre lang anderen Menschen zu Leide gelebt haben. Das ist ein Elend.

Aber jetzt muss ich Frieden mit dir schließen, ob ich will oder nicht. Jetzt muss ich mich zu dir legen und wir beide werden krepieren. Und deine Tränen werden schnell getrocknet sein. Niemand wird wissen, dass du vor deinem Tod noch einmal geweint hast. Auf die Idee wird auch niemand kommen. Niemand wird dich wieder weinen ge-

sehen haben, ganz, wie du es immer gewollt hast.

Friedrich Forstmann wurde am Sonntag gefunden. Wutentbrannt stand seine Schwester vor verschlossener Wohnungstür. Voll böser Ahnungen hatte sie dann die Polizei gerufen. Als die Türe aufgebrochen wurde, war das ganze Haus versammelt. Erna Forstmann schämte sich bei dem Gestank, der ihnen entgegen schlug. Sie schämte sich in Grund und Boden. Es hatte allerdings das Gute, dass die ganze Bagage schleunigst das Weite suchte und nicht genauer hinsah. Die Augen brauchte sie dem Bruder nicht zu schließen. Sie waren fest verschlossen. Während die Polizei noch mit den Formalitäten beschäftigt war, öffnete Erna Forstmann das Fenster und sog begierig die benzingeschwängerte Luft ein.

1989 Hamburg

Inhaltsverzeichnis

Kurzgeschichten

LITTERATURESSAYS VON JAN MYRDAL

in Übersetzung von Einar Schlereth

Beställ från www.bod.se för 88 kr inklusive porto.